História econômica
e organizacional
do Ocidente

O selo DIALÓGICA da Editora InterSaberes faz referência às publicações que privilegiam uma linguagem na qual o autor dialoga com o leitor por meio de recursos textuais e visuais, o que torna o conteúdo muito mais dinâmico. São livros que criam um ambiente de interação com o leitor – seu universo cultural, social e de elaboração de conhecimentos –, possibilitando um real processo de interlocução para que a comunicação se efetive.

# História econômica e organizacional do Ocidente

Armando Dalla Costa

EDITORA intersaberes

**EDITORA intersaberes**

Rua Clara Vendramin, 58 . Mossunguê . CEP 81200-170 . Curitiba . PR . Brasil
Fone: (41) 2106-4170 . www.intersaberes.com . editora@editoraintersaberes.com.br

Conselho editorial
Dr. Ivo José Both (presidente)
Drª Elena Godoy
Dr. Neri dos Santos
Dr. Ulf Gregor Baranow

Editora-chefe
Lindsay Azambuja

Gerente editorial
Ariadne Nunes Wenger

Analista editorial
Ariel Martins

Preparação de originais
Bruno Gabriel

Edição de texto
Osny Tavares
Palavra do Editor

Capa
Iná Trigo (*design*)
Federico Cimino/Shutterstock

Projeto gráfico
Bruno de Oliveira

Diagramação
Andreia Rasmussen

Equipe de design
Iná Trigo
Sílvio Gabriel Spannenberg

Iconografia
Sandra Lopis da Silveira
Regina Claudia Cruz Prestes

**Dados Internacionais de Catalogação na Publicação (CIP)**
**(Câmara Brasileira do Livro, SP, Brasil)**

Dalla Costa, Armando
  História econômica e organizacional do ocidente/Armando Dalla Costa. Curitiba: InterSaberes, 2020.

  Bibliografia.
  ISBN 978-85-227-0289-3

  1. Economia empresarial 2. História – Aspectos econômicos 3. História econômica I. Título.

20-32689                                                          CDD-330.981

**Índices para catálogo sistemático:**
1. Brasil: Economia: História  330.981

Iolanda Rodrigues Biode – Bibliotecária – CRB-8/10014

1ª edição, 2020.

Foi feito o depósito legal.

Informamos que é de inteira responsabilidade do autor a emissão de conceitos.

Nenhuma parte desta publicação poderá ser reproduzida por qualquer meio ou forma sem a prévia autorização da Editora InterSaberes.

A violação dos direitos autorais é crime estabelecido na Lei n. 9.610/1998 e punido pelo art. 184 do Código Penal.

# Sumário

11 *Prefácio*
15 *Como aproveitar ao máximo este livro*
21 *Apresentação*

Capítulo 1
27 **História econômica: objetos, metodologias e aplicação no contexto da história do Brasil e da história geral**

(1.1)
31 Histórico da história econômica

(1.2)
39 Objeto da história econômica

(1.3)
49 Metodologias da história econômica

(1.4)
51 Aplicações da história econômica na história do Brasil e na história geral

Capítulo 2
## 63 Localização e análise dos fenômenos econômicos em relação às variáveis *espaço, tempo* e *duração* em história

(2.1)
67 Discussão historiográfica sobre espaço e tempo na história econômica

(2.2)
69 A discussão de espaço e tempo em *O Mediterrâneo*, de Braudel

(2.3)
73 O tempo e a longa duração na história

(2.4)
77 Espaço e tempo em *Civilização material, economia e capitalismo*

(2.5)
80 Espaço e tempo em Hobsbawm e Arrighi

Capítulo 3
## 93 Métodos e exemplos de análise do desempenho das economias e das organizações em diferentes contextos sociais, políticos e culturais

(3.1)
96 A transição do feudalismo para o capitalismo

(3.2)
100 A Revolução Industrial Inglesa e a expansão do capitalismo (1760 a 1870)

(3.3)
104 As transformações do capitalismo da Grande Depressão no século XIX à Primeira Guerra Mundial (1870 a 1918)

(3.4)
105 O entreguerras (1918 a 1939) e a Segunda Guerra Mundial (1939 a 1945): a "era da catástrofe"

(3.5)
108 A era de ouro do capitalismo e a expansão das economias socialistas (1946 a 1976)

(3.6)
113 O capitalismo no final do século XX e a crise do socialismo (1973 a 2000)

Capítulo 4
125 **História corporativa e memória empresarial**

(4.1)
128 História corporativa

(4.2)
130 Memória empresarial, institucional ou organizacional

(4.3)
135 História corporativa e memória empresarial na historiografia brasileira

(4.4)
142 História corporativa e as organizações multinacionais

Capítulo 5
153 **Historiografia empresarial**

(5.1)
156 História de empresas: marco teórico inicial e novas perspectivas

(5.2)
162 Grupos econômicos e a história de empresas nos países periféricos

(5.3)
170 História de empresas no Brasil e na América Latina

Capítulo 6
189 **Papel do historiador nas organizações**

(6.1)
192 Demanda por historiadores nas organizações

(6.2)
195 O historiador como gestor de arquivos

(6.3)
201 O historiador e seu papel de consultor estratégico

(6.4)
209 Centros de memória empresarial do Brasil

225 *Considerações finais*
231 *Referências*
249 *Bibliografia comentada*
259 *Respostas*
263 *Sobre o autor*

Para Rosa Maria,
meu eterno e grande amor.
Para Maria e Eduardo,
André e Débora,
que amo muito!

# Prefácio

## O HISTORIADOR, A HISTÓRIA ECONÔMICA E OS CENTROS DE MEMÓRIA EMPRESARIAL

O presente livro, intitulado *História econômica e organizacional do Ocidente*, de Armando Dalla Costa, vem ao público em boa hora. Nos últimos anos, um crescente interesse por estudos de história de empresas parece ter finalmente chegado ao país. Mesmo sendo uma tradicional área de pesquisa nos Estados Unidos, tendo Alfred Chandler Jr. como seu patrono, a área demorou a florescer entre pesquisadores brasileiros. Esse tardio interesse pela área de história de empresas por parte de historiadores e administradores talvez possa ser explicado pelo distanciamento temático e metodológico existente na academia brasileira entre as duas áreas. Se, por um lado, historiadores nem sempre estiveram dispostos a valorizar uma história empresarial, no sentido de observar as estratégias e as práticas internas às empresas, por outro lado, administradores preocupados com respostas mais imediatas para as organizações pouco se voltaram para a análise dos processos históricos. Felizmente, essas barreiras têm sido rompidas aos poucos, gerando perspectivas mais complexas de compreensão da trajetória das empresas mediante a contextualização das transformações dos ambientes econômicos e sociais ao seu redor.

Armando Dalla Costa, professor do Departamento de Economia da Universidade Federal do Paraná e presidente da Associação Brasileira de Pesquisadores em História Econômica (2011-2013), é atualmente um dos mais importantes militantes na área de história de empresas do país. Sua ampla produção acadêmica tem nos proporcionado a assimilação de relevantes perspectivas teóricas, que são mais comumente tratadas por pesquisadores internacionais, assim como tem nos revelado trajetórias de empresas nacionais cujos estudos ainda são escassos.

Sua *expertise* como um dos mais importantes pesquisadores da área de história de empresas no país pode ser observada na presente obra. Um dos maiores méritos do livro *História econômica e organizacional do Ocidente* é sua capacidade de apresentar, de maneira bastante sistematizada e acessível, tanto o desenvolvimento da área de história econômica e de história de empresas quanto os aspectos relevantes de nossa história econômica mundial, constituindo um amplo panorama do campo em que as relações empresariais se desenrolam.

Os capítulos iniciais da obra fazem um sobrevoo sobre o método da história econômica e ressaltam algumas das abordagens clássicas da área, tais como as de autores consagrados como Fernand Braudel, Eric Hobsbawm e Giovanni Arrighi. Na sequência, o autor segue uma periodização tradicional da história econômica mundial para ilustrar as principais transformações da economia nos últimos séculos, tratando de temas como a Revolução Industrial britânica, a Grande Depressão do século XIX, os efeitos das duas guerras mundiais e o desenvolvimento do capitalismo na segunda metade do século XX. Esse panorama é essencial para qualquer pesquisador interessado na história de empresas, que deve, como regra básica, evitar o anacronismo. Isto é, uma boa história das organizações não pode fechar os olhos para as especificidades de cada momento histórico, valendo-se das concepções contemporâneas sobre as estratégias e os desafios empresariais como se eles sempre tivessem existido.

Finalmente, os três últimos capítulos estão assentados em discussões bastante atualizadas sobre a memória empresarial e a história de empresas. Armando Dalla Costa nos apresenta o estado da arte de temas centrais, como o debate sobre a formação de grupos econômicos, sobre a internacionalização de empresas multinacionais e, ainda, sobre o papel fundamental do historiador para as organizações. Este atua não somente como um memorialista dos feitos empresariais, mas, efetivamente, como um consultor estratégico para a empresa.

Nesse sentido, *História econômica e organizacional do Ocidente* cumpre o papel relevante de inserir historiadores, economistas, administradores e outros cientistas sociais entre os temas e métodos da história de empresas, além de estimular o aprofundamento dos estudos sobre a história das organizações. Destacando o sentido da história para a análise das atividades econômicas empresariais contemporâneas, Armando Dalla Costa cria um novo ambiente para o casamento dos estudos de história com aqueles produzidos no campo da administração de empresas, ambiente tão tradicional nas escolas de negócio no exterior e que deve ocupar um espaço crescente nos próximos anos no Brasil.

ALEXANDRE MACCHIONE SAES
Departamento de Economia da Faculdade de Economia, Administração
e Contabilidade da Universidade de São Paulo (FEA/USP)

# Como aproveitar ao máximo este livro

Empregamos nesta obra recursos que visam enriquecer seu aprendizado, facilitar a compreensão dos conteúdos e tornar a leitura mais dinâmica. Conheça a seguir cada uma dessas ferramentas e saiba como estão distribuídas no decorrer deste livro para bem aproveitá-las.

*Introdução do capítulo*

Logo na abertura do capítulo, informamos os temas de estudo e os objetivos de aprendizagem que serão nele abrangidos, fazendo considerações preliminares sobre as temáticas em foco.

*Preste atenção!*

Apresentamos informações complementares a respeito do assunto que está sendo tratado.

*Curiosidade*

Nestes boxes, apresentamos informações complementares e interessantes relacionadas aos assuntos expostos no capítulo.

*Fique atento!*

Ao longo de nossa explanação, destacamos informações essenciais para a compreensão dos temas tratados nos capítulos.

*Para refletir*

Aqui propomos reflexões dirigidas com base na leitura de excertos de obras dos principais autores comentados neste livro.

*Importante!*

Algumas das informações centrais para a compreensão da obra aparecem nesta seção. Aproveite para refletir sobre os conteúdos apresentados.

*Síntese*

Ao final de cada capítulo, relacionamos as principais informações nele abordadas a fim de que você avalie as conclusões a que chegou, confirmando-as ou redefinindo-as.

*Indicações culturais*

Para ampliar seu repertório, indicamos conteúdos de diferentes naturezas que ensejam a reflexão sobre os assuntos estudados e contribuem para seu processo de aprendizagem.

*Atividades de autoavaliação*

Apresentamos estas questões objetivas para que você verifique o grau de assimilação dos conceitos examinados, motivando-se a progredir em seus estudos.

## Atividades de aprendizagem

Aqui apresentamos questões que aproximam conhecimentos teóricos e práticos a fim de que você analise criticamente determinado assunto.

## Bibliografia comentada

Nesta seção, comentamos algumas obras de referência para o estudo dos temas examinados ao longo do livro.

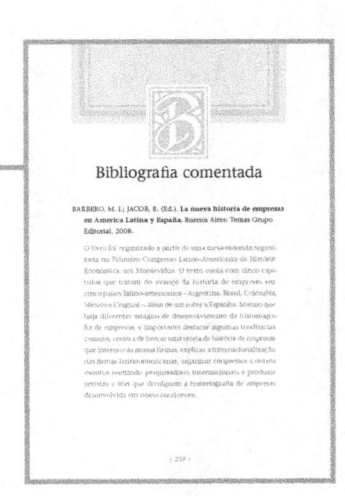

*Armando Dalla Costa*

# Apresentação

Este livro, como você verá pelas páginas seguintes, trata de dois temas: **história econômica** e **história das organizações**. Vamos começar, então, explicando o que vem a ser cada um desses temas, para que servem e como se aprende a respeito deles.

A história econômica, como disciplina independente, começou a ser ensinada nas universidades a partir do início do século XX. Não foi, no entanto, nos cursos de graduação em História, e sim nos cursos de Administração de Empresas, que ela teve início. Isso não importa muito, pois, na sequência, a historiografia ocupou-se de também criar e aprofundar os métodos, fazer longas e profundas pesquisas e lecionar a disciplina tanto nos cursos de graduação como nos de pós-graduação *lato sensu* e *stricto sensu* de História.

Um dos cursos tradicionais, pelo menos no Brasil, que mantém a disciplina de história econômica é o de Ciências Econômicas, ou Economia. De maneira geral, ele é dividido em três grandes áreas: história, estatística (matemática) e teoria. Ao comentar tal divisão e a importância dessa disciplina, Joseph Schumpeter, um dos principais economistas e cientistas políticos do século XX, afirmou:

*desses ramos fundamentais, a história econômica – que inclui os fatos presentes e o que deles deriva – é o mais importante. Quero estabelecer de antemão que, se iniciasse novamente meus estudos de economia e me dissessem que deveria escolher apenas um dos três ramos mencionados, minha preferência teria recaído sobre a história econômica.*[1] (Schumpeter, 1964, p. 34)

Aí está, portanto, o que é, de quando e de onde vem a disciplina que estamos abordando neste livro. Também entendemos sua importância para as ciências sociais aplicadas e as ciências humanas. Falta, contudo, definirmos o objeto de estudo. Iglesias (1959, p. 27) define a história econômica como a que "descreve os esforços que o homem faz ao longo dos séculos para satisfazer suas necessidades materiais".

Considerando tal definição, veremos que essa disciplina se localiza no bojo da história. Bloch (1965, p. 29), por sua vez, definiu a história como "a ciência dos homens no tempo", o que significa que ela trata do estudo da atividade humana, em suas múltiplas dimensões, na perspectiva da mudança que ocorre ao longo do tempo e das sociedades.

Agora que localizamos a história econômica e seu objeto de estudo, precisamos esclarecer o que vem a ser a história das organizações. A história das empresas também pode ser entendida como uma parte da história das organizações. Na qualidade de área da história econômica, passou a ser ensinada nas universidades há cerca de um século. Ela estuda o que são as organizações de modo geral: instituições governamentais (bancos públicos, companhias estatais etc.), empresas privadas (pequenas, médias, grandes, companhias multinacionais), órgãos públicos (Polícia Federal, Advocacia Geral da União).

---

1 *Você pode aprofundar seu conhecimento sobre esta temática em* SCHUMPETER, J. **História da análise econômica**. *Rio de Janeiro: Fundo de Cultura, 1964. v. 1*

Tais instituições, funcionando bem, servem para garantir a ordem e, ao mesmo tempo, a produção e a distribuição da riqueza das nações.

O livro que você está começando a ler trata, de modo geral, dos dois grandes temas que vimos até aqui: história econômica e história das organizações. Vejamos como eles estão distribuídos ao longo dos capítulos.

O primeiro capítulo se ocupa do objeto e da metodologia da história econômica. Iniciamos contando a história dessa disciplina, como surgiu e se desenvolveu, destacando as universidades estabelecidas nos países desenvolvidos, como os Estados Unidos, a Europa e o Japão. Depois, mostramos que ela passou a ser divulgada também nos demais países ditos *periféricos*, como o Brasil e as demais nações latino-americanas. Nessa divulgação, além das universidades, ganharam importância as associações nacionais de história econômica, assim como as revistas por elas editadas, que contribuíram para divulgar o conhecimento gerado pelas pesquisas. O texto também apresenta reflexões a respeito do objeto e dos métodos empregados na produção da história econômica, terminando com um exemplo de como o conteúdo dessa disciplina pode ser aplicado para melhor compreensão da história do Brasil e da história geral.

O Capítulo 2 trata da localização e análise dos fenômenos econômicos em relação às variáveis *espaço, tempo* e *longa duração*. A primeira parte discute, portanto, as ideias de espaço e de tempo, descrevendo como os historiadores entenderam esses conceitos e os aplicaram em seu trabalho cotidiano. Sob o ponto de vista histórico, a longa duração é um período extenso, conceito detalhado ao longo desse capítulo. Nele, buscamos esclarecer como Fernand Braudel interpretou o conceito de *longa duração* em *O Mediterrâneo,* um livro que se tornou clássico. O capítulo segue com uma análise do conceito, explicando como contribui para entender as tendências na história na análise de fenômenos ao longo do tempo. A discussão sobre espaço e tempo também é apresentada a partir do livro *Civilização material, economia e capitalismo*. Já os termos *espaço* e *tempo*, na parte final do capítulo, são analisados com base nas obras de Hobsbawm e Arrighi, outros dois grandes pesquisadores da história econômica.

O Capítulo 3 se concentra no estudo sobre métodos, demonstrando como ocorre a análise do desempenho das economias e das organizações em diferentes contextos sociais, políticos e culturais. Começamos mostrando como se deu a transição do feudalismo para o capitalismo. Na sequência, tratamos a Revolução Industrial Inglesa, um dos temas-chaves para entender a história econômica, bem como das transformações pelas quais o capitalismo passou entre o final do século XIX até a Primeira Guerra Mundial. A discussão sobre a Crise de 1929, com a queda da Bolsa de Valores de Nova York, e sobre as consequências da Segunda Guerra Mundial é situada no contexto dos eventos classificados como "catástrofes" do século passado. O capítulo é concluído com uma análise da chamada *era de ouro do capitalismo* e das crises da economia capitalista a partir da década de 1970. Ainda entram em pauta as crises do socialismo, com o desmantelamento do bloco, provocado pela queda do muro de Berlim.

Os últimos três capítulos são dedicados à memória empresarial, que também podemos chamar de *história corporativa*. A discussão tem início no Capítulo 4 e leva em conta o próprio conceito de *história corporativa*, visando-se esclarecer o que vem a ser a memória empresarial (institucional ou organizacional, entendidas no texto como sinônimos). Depois, buscamos definir onde se encontram, na historiografia brasileira, os temas da história corporativa e da memória das empresas. Terminamos o capítulo estendendo nossos estudos para as organizações multinacionais.

O Capítulo 5 apresenta a história empresarial propriamente dita. Identificamos o marco teórico inicial, que se deu por volta do início do século XX, e mostramos como evoluiu a compreensão da teoria das firmas, além de indicarmos perspectivas futuras para pesquisas nessa área. Discutimos um conceito de definição recente, o de *grupos econômicos*, buscando explicar como se diferencia da *business history* internacional, e como foi utilizado para descrever os conglomerados econômicos que se formaram nas "economias periféricas". No último momento do capítulo, voltamos nossa atenção para a história de empresas no Brasil e no continente latino-americano, reconhecendo percalços e avanços das últimas décadas.

O Capítulo 6 aborda um tema importante e bastante atual: o papel do historiador nas organizações. A intenção é mostrar como esse profissional pode se tornar gestor de acervos e consultor estratégico dos principais executivos das firmas, bem como analista de mercados para que as companhias possam lançar seus novos produtos com sucesso. Dessa forma, apresentamos uma demanda nova, surgida nas últimas décadas, evidenciando que o historiador não precisa mais se tornar, necessariamente, professor e pesquisador; ele pode trabalhar junto às empresas, sobretudo nos centros de memória empresarial. Como último assunto do livro, destacamos como esses centros de memória se expandiram e qual é seu papel para as empresas e para as próprias universidades, ressaltando a iniciativa de se criar a Associação Brasileira de Memória Empresarial (ABME), que congrega parte dos principais centros de memória empresarial atuantes no Brasil.

Esperamos que este livro o possibilite a compreensão dos temas abordados e que o estudo proposto enriqueça seu olhar sobre a história econômica e organizacional. Durante a leitura, utilize-se dos recursos didáticos que oferecemos, pois eles certamente o ajudarão a memorizar a teoria, porém de forma crítica, e a aplicar os conceitos examinados. Boa leitura!

CAPÍTULO 1

História econômica:
objetos, metodologias
e aplicação no contexto
da história do Brasil
e da história geral

*"Possa ele tornar os campos produtivos como o cultivador, Possa
ele multiplicar os rebanhos como um pastor de confiança
Sob seu reinado, que haja plantas e grãos,
Que, no rio, haja água de sobra,
Que no campo possa haver uma segunda colheita".
Oração mesopotâmica do III° milênio a.C., para celebrar o ritual
da união do rei com a deusa da Terra
(Rezende Filho, 2003, p. 12)*

A história econômica e organizacional do Ocidente mudou muito nos últimos anos, tanto na maneira como é estudada quanto na forma como é ensinada no ensino fundamental, no ensino médio e nas faculdades[1]. Hoje em dia, a maioria das informações, dos artigos, livros e revistas de história está disponível *on-line*. Você mesmo, se tiver interesse, pode acessá-las, na maior parte, de maneira gratuita. Para isso, basta ter acesso à internet. Essa realidade é muito diferente daquela em que viveram nossos pais e avós. Para terem acesso ao conhecimento histórico, eles precisavam ir à escola e pesquisar em livros e bibliotecas.

Podemos afirmar, parafraseando o historiador Leandro Karnal (2005, p. 163), que a história segue uma periodização quadripartite,

---

1   Para ver como evoluiu a história e como é ensinada nas salas de aula, tanto para crianças como para adolescentes e adultos, você pode consultar o texto de: COSTA, A. D. **O ensino de história e suas linguagens**. Curitiba: Ibpex, 2011.
    Para verificar a pesquisa em história econômica no Brasil, consulte: SAES, F. A. M de. Os rumos das pesquisas sobre a história econômica do Brasil: uma breve nota. **Leituras de Economia Política**, Campinas, v 14, n. 2 (21), p. 33-34, dez. 2012/jul. 2013.
    Para ver tanto como se faz a pesquisa como se promove o ensino: SAES, A. M.; MANZATTO, R. F.; SOUSA, E.S. Ensino e pesquisa em história econômica: perfil docente e das disciplinas de história econômica nos cursos de graduação de Economia no Brasil". **História Econômica & História de Empresas**, v. 18, n. 2, p. 229-263, 2015.

ou seja: Antiga, Medieval, Moderna e Contemporânea, fundada na concepção básica de história da Europa Ocidental. Aliás, é bom esclarecer desde já que este livro trata, sobretudo, dessa história, ou seja, do mundo ocidental, formado por Europa e demais países influenciados por sua cultura e forma de pensar. A história do Oriente, assim como a dos países africanos, ficará fora do foco deste trabalho pelo fato de, entre outras razões, ser muito difícil fazermos uma "história total". Outra limitação deste livro se refere à própria história ocidental. Ela está dividida em diversas correntes, como a história cultural, das mentalidades, da vida privada, do cotidiano, da política, e assim por diante, com enfoques distintos. O que você encontrará nas páginas seguintes é um estudo sobre uma dessas correntes: a história econômica e organizacional.

Na primeira parte deste capítulo, buscaremos esclarecer a maneira como surgiu e se desenvolveu a história econômica a partir do final do século XIX. Destacaremos a contribuição das diversas associações nacionais de história, tanto no assim chamado *Velho Mundo* quanto na América e demais regiões. Além disso, veremos que essas associações organizaram inúmeros congressos nacionais e internacionais, bem como publicaram e continuam publicando várias revistas com pesquisas realizadas ao longo de séculos.

Depois, trataremos do objeto da história econômica e organizacional, ressaltando que se trata de um estudo sobre a maneira como os homens se organizaram para produzir os itens necessários à sua sobrevivência. Podemos dizer que este é o centro das preocupações da história econômica.

Sobre a metodologia utilizada para examinarmos essa e outras correntes da historiografia, partiremos da utilização de fontes primárias, sua principal característica. Confrontaremos tais fontes com a já ampla literatura secundária (livros, capítulos de livros, artigos) e, por fim, com a teoria que discute a melhor maneira de fazer história econômica. Por fim, na última parte do capítulo, você encontrará reflexões que buscam mostrar as possíveis aplicações da história econômica na história do Brasil, assim como na história geral.

> **Preste atenção!**
>
> As fontes primárias são os documentos originais das firmas (atas de fundação, revistas internas, relatórios anuais, atas de reuniões de diretoria, entre outros), em geral preservados nos centros de memória empresarial. Com relação à história econômica, as fontes primárias são dados que os historiadores buscam nos registros de cada período histórico. Com relação à metodologia, há ainda o uso de dados agregados, como os do Instituto Brasileiro de Geografia e Estatística (IBGE), e outros que podemos definir usando as ferramentas da estatística.

## (1.1) Histórico da história econômica

Você deve ter ouvido falar em história desde os seus primeiros anos escolares. Essa é uma disciplina ministrada desde o ensino fundamental, passando pelo ensino médio e presente também nos cursos de graduação da área de humanas, ofertada, em geral, no primeiro ano. Por causa disso, você provavelmente conviveu com alguns colegas que detestavam história e com outros que, pelo contrário, achavam essa disciplina muito interessante.

Entre as áreas do conhecimento, trata-se de uma das disciplinas mais antigas. Desde a Antiguidade, destina-se ao propósito contar as histórias da humanidade, desde as vividas pelos povos primitivos e pelas civilizações antigas, gregos e romanos, responsáveis também por desenvolver e consolidar a disciplina. É importante lembrarmos que a história contempla diversos temas e assuntos, como as religiões, as divindades, a política, os costumes, as línguas, as guerras, as culturas, as economias, os reinados e assim por diante.

Desde a Idade Média, houve muita discussão para determinar quais tipos de história deveriam ser escritos e ensinados. Após diversas idas e vindas, surgiu e fortaleceu-se o ramo conhecido como *história econômica*. Uma de suas áreas derivadas é, justamente, a história das organizações, que estuda como as firmas contribuem para o desenvolvimento econômico e social das sociedades em seus respectivos tempos.

Neste capítulo, vamos definir os principais contornos da história econômica e organizacional, destacando seu histórico, seu objeto de estudo, a metodologia empregada e a aplicação da disciplina para a compreensão da história do Brasil e da história geral.

Como veremos a seguir, a história econômica como a conhecemos hoje teve seu auge ao longo do século XX, sobretudo entre 1920 e 1960. Um dos marcos de seu surgimento e desenvolvimento aconteceu na França, mais precisamente na Universidade de Estrasburgo, onde lecionavam dois jovens historiadores: Lucien Febvre e Marc Bloch.

Junto com outros historiadores, eles foram responsáveis por "renovar a história", que até então era vista como história positivista dedicada, sobretudo, à cronologia dos acontecimentos e à narrativa acerca de reis, rainhas e grandes personagens. A partir do trabalho desses intelectuais, a longa duração do tempo passou a ser utilizada para verificar como iam se prolongando os fenômenos. A história também passou a contar com a colaboração de outras ciências sociais, como sociologia, economia, psicologia, geografia humana, entre outras.

Outra inovação desses autores foi lançar, em 1929, a revista *Annales d'Histoire Économique et Sociale*, que ficou mais conhecida como *revista dos Annales*. Nela se publicavam os trabalhos feitos por uma historiografia renovada. Com o tempo, tornou-se a revista de história mais famosa, não só na França, mas em nível internacional.

> **Curiosidade**
>
> A revista dos *Annales* foi dirigida por Lucien Febvre e Marc Bloch de 1929 até o final da Segunda Guerra Mundial. Em 1946, Fernand Braudel assumiu sua direção, tendo permanecido no cargo até a década de 1960. Nos anos 1970, a revista passou por uma terceira fase, conhecida como *Nouvelle Histoire*, sob a direção de Jacques Le Goff e Georges Duby. Alguns autores que podem contribuir para conhecermos sua história são: Aguirre Rojas (2000), Burke (1991), Reis (2000).

Além dessa escola e da revista dos *Annales*, também a criação de associações colaborou para o fortalecimento e amadurecimento da história econômica. Você poderia se perguntar para que serve uma associação de história econômica. Sua contribuição para a historiografia ocorreu, sobretudo, com a organização de congressos nacionais e internacionais, nos quais foram apresentados os principais resultados das pesquisas. Uma vez discutidos nos congressos, esses artigos passaram a ser publicados em revistas organizadas por essas mesmas associações, em livros e capítulos de livros.

Entretanto, a organização de tais associações não se deu de uma hora para outra. Foi necessário que diversos historiadores e economistas se unissem, produzissem livros e artigos, discutissem o objeto de estudo, a metodologia, a forma de construir a história econômica e a maneira como utilizava fontes primárias e secundárias.

As primeiras associações surgiram nos locais em que havia mais historiadores e universidades de relevância. A International Economic History Association (IEHA) reúne as principais associações internacionais, como podemos verificar no Quadro 1.1.

Quadro 1.1 – Associações de História Econômica membros da IEHA

| Associação | Fundação |
|---|---|
| International Economic History Association | 1960 |
| Economic History Society (UK) | 1926 |
| Economic History Association (US) | 1940 |
| Finnish Economic History Association | 1952 |
| Gessellschaft für Sozial und Wirtschaftsgeschichte | 1961 |
| Economic History Society of Australia and New Zeland Inc. | 1961* |
| Korean Economic History Society | 1963 |
| Association Française d'Histoire Économique (AFHE) | 1965 |
| Canadian Network for Economic History/Réseau Canadien d'Historie Économique | 1965* |
| Economic and Social History Society of Ireland | 1970 |
| Asociación Española de Historia Económica | 1972 |
| Schweizerische Gesellschaft für Wirtschafts und Sozialgeschichte | 1974 |
| Asociación Argentina de Historia Económica | 1979 |
| Economic History Society of Southern Africa | 1980 |
| Associação Portuguesa de História Econômica e Social | 1980 |
| Società Italiana degli Storici dell'Economia (SISE) | 1984 |
| N.W. Posthumus Institute – The Netherlands | 1988 |
| Greek Economic History Society | 1990 |
| Asociación Uruguaya de Historia Económica | 1992 |
| Associação Brasileira de Pesquisadores em História Econômica | 1993 |

*(continua)*

*(Quadro 1.1 – conclusão)*

| Associação | Fundação |
|---|---|
| Asociación Mexicana de Historia Económica | 1998 |
| Asociación Colombiana de Historia Económica | 2007 |
| Asociación Chilena de Historia Económica | 2008 |
| Economic and Social History Association of Israel (ESHAI) | 2012* |

Nota: As datas com asterisco se referem ao primeiro congresso da associação, e não necessariamente ao seu ano de fundação. No total, 39 associações nacionais de história econômica são credenciadas à IEHA. Porém, não conseguimos obter informações sobre 16 delas.

Fonte: Saes, 2017, p. 39.

Como podemos observar pelo Quadro 1.1, as associações começaram a ser formadas na década de 1920 e seguem se expandindo até este início de século XXI. Para Saes (2017, p. 40),

*ao longo do século XX, a institucionalização da história econômica, por meio da formação das associações, da promoção de congressos e das publicações de revistas direcionadas para a comunidade, deve ser encarada, portanto, como um indicador da vitalidade da área e, também, como sinal da importância da organização dos pesquisadores na disseminação de resultados de pesquisa, no debate dos grandes temas da sociedade e na própria valorização da área.*

Podemos estabelecer a seguinte linha do tempo: a geração inicial de associações de história econômica situa-se na primeira metade do século XX, com influência de economistas e historiadores de tradição anglo-saxã. As duas mais importantes, sem dúvida, são a inglesa Economic History Society e a norte-americana Economic History Association. Elas também foram responsáveis por manter as duas revistas mais importantes dedicadas à história econômica: a inglesa Economic History Review e a norte-americana The Journal of Economic History.

Foi na década de 1960 que se intensificou a formação de associações nacionais de história econômica, sobretudo no assim chamado *Velho Mundo*, ou seja, no continente europeu ocidental. A primeira associação da América Latina surgiu na Argentina, no final da década de 1970. A partir dessa experiência, diversas outras foram fundadas, muitas lançando as próprias revistas. É o caso da Associação Brasileira de Pesquisadores em História Econômica, que edita a revista *História Econômica & História de Empresas*, a mais importante publicação brasileira nesses dois ramos de estudo[2]. Entretanto, como podemos perceber pelo quadro apresentado, a maioria das associações latino-americanas ainda é recente, surgida a partir da década de 1990.

Merecem destaque, por fim, os congressos organizados para discutir e apresentar os resultados da historiografia econômica e organizacional. As diversas associações da América Latina organizam, desde 2007, o Congresso Latino-Americano de História Econômica – Cladhe. A primeira edição foi realizada em Montevidéu, no Uruguai, em 2007. Até 2019, foram organizadas outras cinco edições.[3]

---

[2] Para uma visão geral sobre a Associação Brasileira de Pesquisadores em História Econômica e sua revista, consulte: SAES, A. M; RIBEIRO, M. A. R.; SAES, F. A. M. (Orgs.). **Rumos da história econômica (Org.)**. 25 Anos da ABPHE. São Paulo: Alameda, 2017. Acesse também o site da ABPHE: <http://www.abphe.org.br/>, no qual, além do histórico da instituição, é possível consultar os números da revista e os trabalhos apresentados nos congressos.

[3] O Uruguai sediou o primeiro Cladhe entre os dias 5 e 7 de dezembro de 2007. O segundo ocorreu na cidade do México, entre os dias 5 e 7 de fevereiro de 2010. O terceiro, em San Carlos de Bariloche, na Argentina, de 23 a 25 de outubro de 2012. Bogotá, na Colômbia, recepcionou o quarto congresso, nos dias 23 a 25 de julho de 2014. O quinto ocorreu em território nacional, no campus da Faculdade de Economia, Administração e Contabilidade da Universidade de São Paulo, de 19 a 21 de julho de 2016. O sexto, na cidade de Santiago do Chile, entre os dias 23 a 25 de julho de 2019.

> **Fique atento!**
> Você pode estar se perguntando para que servem tais congressos. A resposta é simples: em um encontro dessa natureza, é possível encontrar vários pesquisadores que se dedicam à mesma área de estudos.

Para termos uma ideia, no Chile (Cladhe VI, 2019) foram organizados 40 simpósios sobre diversas temáticas relacionadas à historiografia econômica. Se considerarmos que cada simpósio teve, em média, 15 artigos apresentados, veremos que foram mais de 600 trabalhos. Além dos simpósios, o Cladhe conta com mesas-redondas para discutir os principais temas atuais da história econômica. Reúnem-se mais de 600 pesquisadores nessas ocasiões, entre latino-americanos, norte-americanos e europeus.

Trata-se, portanto, de uma oportunidade para conhecer novos pesquisadores de outros países, formar parcerias internacionais, discutir projetos de pesquisa em parceria e fazer uma das atividades que as academias mais valorizam no momento, que é a produção científica em associação com pesquisadores estrangeiros. Nesses eventos, é possível organizar grupos de pesquisa internacionais e ter contato com editores das principais revistas sobre história econômica e organizacional.

Você poderia se perguntar, também, quando a história econômica virou uma disciplina dos cursos universitários e onde é ensinada. Vamos, então, contextualizar o desenvolvimento da disciplina pelo mundo.

Como disciplina nos cursos universitários e como área de pesquisa, a história das empresas é relativamente recente. Muito antes dela, já se ensinavam história e economia[4]. A economia começou a ganhar *status* de ciência a partir da publicação do livro *A riqueza das nações*, de Adam Smith, em 1776. A disciplina de história, contudo, tem um longo passado, registrando, desde a origem da civilização, como os homens organizaram suas ações para garantirem a própria sobrevivência.

Na academia, a primeira oferta da disciplina de história econômica aconteceu nos Estados Unidos, em 1892, na Universidade Harvard. Seu primeiro professor foi William Ashley, antigo mestre da Universidade Oxford (Harte, 2001). Em seguida, a área foi inserida em outros prestigiosos departamentos. A disciplina de história econômica começou a ser ministrada na London School of Economics a partir de 1926, pelo professor William Cunningham. Depois, outras universidades britânicas também passaram a ofertar a disciplina, como as de Oxford, Manchester e Cambridge. A partir dos primeiros anos do século passado, portanto, a história econômica se consolidou em diversos cursos de economia.

O mesmo fenômeno repetiu-se na França, mas com uma diferença: enquanto os Estados Unidos e a Inglaterra focaram aspectos econômicos da disciplina, subordinando-a aos departamentos de Economia, a França, muito influenciada pela Escola dos *Annales* e sua revista, distinguiu-se por oferecer estudos na área da história econômica e social.

---

4    *Para uma descrição mais detalhada da institucionalização do ensino de história econômica, consulte: SAES, F. A. M. de; SAES, A. M.* **História econômica geral**. *São Paulo: Saraiva, 2013.*

A história econômica também foi objeto de estudo dos seguidores de Karl Marx. Eles contribuíram, sobretudo, para o entendimento acerca da passagem do feudalismo para o capitalismo, além de realizarem estudos para compreender a história econômica da Rússia (Fontana, 2004; Cardoso; Bignoli, 2002). Há, ainda, outra corrente, que pode ser identificada como história econômica institucional ou organizacional, pois leva em consideração que "as instituições importam" (Saes; Saes, 2013, p. 9).

Por fim, poderíamos considerar também uma história quantitativa, que elabora a história econômica com base em dados quantitativos. O método tornou-se mais corrente após o advento da informática, que permitiu a coleta de uma grande quantidade de dados e informações, analisados para explicar o desenvolvimento econômico de determinados países e de regiões específicas (Chaunu, 1976).

## (1.2)
## Objeto da história econômica

Certamente, você já ouviu a expressão "cada macaco no seu galho". Ela pode ser usada para lembrar que cada ciência estuda um objeto específico. A odontologia, por exemplo, ocupa-se de entender e preservar a saúde bucal e dentária. A engenharia civil ensina e explica como construir a infraestrutura das sociedades, suas casas, ruas, pontes, edifícios, e assim por diante. A história, por sua vez, estuda o passado da humanidade, buscando compreender como se deram os acontecimentos e, assim, entender o presente e projetar o futuro.

> **Para refletir**
>
> Sobre essas possíveis explicações para o futuro, podemos citar Walter Benjamim, em suas *Obras Escolhidas* (1994, p. 226), quando comenta sobre o "anjo da história". No quadro *Angelus Novus*, o pintor alemão Paul Klee representa um anjo que parece querer afastar-se de algo que ele encara fixamente. Seus olhos estão arregalados, sua boca, dilatada, suas asas, abertas. O anjo da história deve ter aspecto semelhante. Seu rosto está dirigido para o passado. Onde nós vemos uma série de acontecimentos, ele vê uma catástrofe única, que incansavelmente acumula ruína sobre ruína e as dispersa a nossos pés. Ele gostaria de deter-se para acordar os mortos e juntar os fragmentos, mas uma tempestade sopra do paraíso e prende-se em suas asas com tanta força que ele não pode mais fechá-las. Essa tempestade o impele irresistivelmente para o futuro, ao qual ele vira as costas, enquanto o amontoado de ruínas cresce até o céu. Essa tempestade é o que chamamos *progresso*.

No entanto, não há apenas uma, mas "muitas histórias"– das mentalidades, social, cultural, da vida privada, das religiões, da política, e assim por diante. Cada uma delas se dedica a objetos específicos. A história econômica, para Saes e Saes (2013, p. 39), consiste em "descrever os esforços que o homem faz ao longo dos séculos para satisfazer suas necessidades materiais".

Na historiografia econômica, são estudadas as diferentes faces e fases da organização humana para satisfazer as próprias necessidades. O primeiro período é também o mais longo, iniciando com o surgimento do *Homo sapiens* moderno, há cerca de 150 mil anos (Sousa, 2019). Nessa época, o homem se dedicava à caça, à pesca e à coleta. Como os produtos recolhidos escasseavam com o tempo, as tribos eram obrigadas a rumar para outra região. Eram, portanto, nômades.

Tal período teria se estendido até o momento em que o homem inventou a agricultura e a pecuária, por volta de 10 mil a.C. Dessa forma, abandonou o nomadismo, passando a viver em localidades fixas.

> **Importante!**
>
> A agricultura e a pecuária estão entre as invenções mais importantes da humanidade porque, juntas, permitiram produzir e armazenar alimentos permanentemente, evitando boa parte das mortes pela fome.

Nesse período, também se viu a invenção da escrita e dos números, essenciais para registrar as quantidades da produção e a maneira como deveria ser distribuída. Com relação aos meios de produção, surgiu, nesta mesma época, a escravidão. A prática distinguia as pessoas entre proprietários e escravos. Os proprietários de escravos "não trabalhavam" na produção, dedicando-se a outras atividades, como a filosofia, a política, a religião, as artes e as guerras.

> **Curiosidade**
>
> Há uma diferença entre a escravidão antiga, que vigorou até a queda de Roma, em 476 d.C., e a escravidão moderna, como a que funcionou no Brasil entre 1539 e 1888. Entre os antigos, eram escravos os vencidos nas guerras, os que nascessem escravos ou os devedores, até o momento em que quitassem suas dívidas. Já na escravidão moderna, como a brasileira, os escravos eram sobretudo formados pela população africana, trazida e vendida como escrava, e pelos indígenas que habitavam o país antes da chegada dos europeus. Sobre a escravidão moderna, e a brasileira, em particular, há uma enorme literatura disponível.[5]

Para esclarecermos melhor o objeto de estudo da história econômica em cada período, destacamos algumas obras e autores. Desse modo, você também poderá construir sua biblioteca e entender melhor o foco de estudo dessa historiografia.

Sobre o mundo antigo, podemos mencionar o trabalho de Maria Beatriz Florenzano, que publicou em 1994 o livro *O mundo antigo: economia e sociedade*, em que apresenta os Impérios Grego e Romano. Essa é uma obra essencial para compreender aspectos pouco considerados da história antiga. De maneira geral, o que ficou na nossa cabeça das aulas do ensino fundamental e do ensino médio são afirmações sobre a inteligência militar daqueles povos e a destreza na produção de obras de arte e na engenharia de grandes construções. No entanto, as bases econômicas e o dinamismo dos cidadãos são pouco comentados.

---

5   *Para uma exposição geral e dicas de uma ampla bibliografia sobre o tema, consulte:* MARTINS, R. B. **Crescendo em silêncio**: *a incrível economia escravista de Minas Gerais no século XIX*. Belo Horizonte: Icam/ABPHE, 2018.

Por isso, Florenzano relembra as relações de propriedade, as formas de exploração da terra, os vínculos entre as cidades e o campo e entre os senhores e os escravos. Ao longo de 15 séculos de Antiguidade, essas relações constituíram os alicerces da riqueza e da cultura greco-romana. Além disso, a obra apresenta uma linguagem acessível, que contribui para uma leitura agradável, durante a qual nos lembramos dos principais objetos dessa historiografia.

Findo esse período, surgiu e fortaleceu-se na Europa Ocidental um sistema de produção e distribuição da riqueza que ficou conhecido como *feudalismo*. Ele durou cerca de mil anos (c. 500 d.C. a c. 1500 d.C.)[6]. Boa parte dos manuais de história econômica trata dos períodos anteriores ao feudalismo de forma resumida, dedicando-se a descrever as formas de produção e distribuição da riqueza pelos diferentes povos da humanidade a partir do feudalismo e do capitalismo.

> **Preste atenção!**
>
> O conceito de *feudalismo* pode ser compreendido como sinônimo de um determinado modo de produção. Esse entendimento é sustentado, em grande medida, por autores de orientação marxista, como Maurice Dobb, Rodney Hilton e Perry Anderson; porém, não está em concordância com análises elaboradas por historiadores dos *Annales* ou da Nova História, especialmente os medievalistas. Para essa corrente, o feudalismo é caracterizado por uma dinâmica social que orienta a relação entre os integrantes da nobreza de modo horizontal, vinculando os membros de um

---

[6] *Se você não está familiarizado com a historiografia, a abreviatura "c.", usada em datação, significa "cerca de", o que indica um tempo aproximado, considerando-se que na história as datas nem sempre são precisas.*

> mesmo grupo social por meio de relações de fidelidade estabelecidas entre senhores e vassalos, depois de serem firmados pactos vassálicos. Se considerássemos especificamente a forma como os nobres dominavam a terra, o mais adequado seria falar em *regime senhorial*, o que destacaria a série de costumes e modos de ação que orientava o trabalho nos campos.

Há vários historiadores especializados no feudalismo, autores de ampla bibliografia. Destacamos a obra de Marc Bloch intitulada *A sociedade feudal*. Trata-se de um clássico sobre o feudalismo. Nele, o autor desvenda o período como uma força viva, fala do homem a partir de seu modo de viver e pensar e descreve os principais traços da civilização europeia entre a metade do século IX e o início do XIII. Por meio de um enfoque multidisciplinar, decompõe a sociedade feudal, apontando as origens do feudo, passando pelas relações familiares e de dependência, seus rituais, hábitos e costumes, modos de produção e distribuição da riqueza, mostrando o percurso que conduziu as sociedades feudais até se tornarem Estados-nação. Com base em algumas informações prévias, você pode imaginar que, muito lentamente, o feudalismo foi se desenvolvendo e se modificando a partir de dentro.

Devemos nos lembrar ainda de outro fenômeno importante para a história econômica desse período, as Grandes Navegações. Com elas, Portugal e Espanha – principalmente – descobriram novos caminhos pelos mares e oceanos e chegaram à América, o que gerou forte incremento no comércio e nas riquezas e possibilitou que se levassem novos produtos para a Europa, como o milho, a batata e o fumo.

As ligações entre o Velho Mundo (Europa Ocidental) e o Novo Mundo (Américas e Austrália[7]) foram descritas por inúmeros historiadores. Um dos maiores historiadores econômicos do século XX, Fernand Braudel, escreveu *Civilização material, economia e capitalismo: séculos XV-XVIII*. Trata-se de uma obra em três volumes. No primeiro, intitulado *As estruturas do cotidiano*, mostra o funcionamento da economia e o impacto na Europa da chegada de produtos agrícolas típicos das colônias. No segundo volume, *Os jogos das trocas*, demonstra como se organizavam e funcionavam as grandes feiras da Idade Média e como se vendiam os produtos. Por fim, o terceiro livro, *O tempo do mundo*, versa sobre a história dos fluxos e refluxos das dominações de potências urbanas como Veneza, Antuérpia, Gênova e Amsterdã. O autor destaca o advento das economias nacionais da França e da Inglaterra e a conquista britânica do mundo, apoiada na Revolução Industrial. Portanto, esse é um texto apropriado para compreendermos a forma como se desenvolveu a economia neste longo período da história.

> **Para refletir**
>
> A descoberta da América e da Austrália permitiu que economistas, historiadores e outros cientistas sociais desenvolvessem o conceito de *economia-mundo*[8]. Há diversos autores que trataram do assunto, como Fernand Braudel, Giovanni Arrighi, Immanuel Wallerstein e Eric Hobsbawm. Esse conceito está articulado ao contexto histórico do século XVI em diante e à formação do capitalismo.

---

7   *Embora a descoberta da Austrália seja oficialmente atribuída ao capitão inglês James Cook, em 1770, há registros da passagem de portugueses e holandeses pela ilha--continente desde o início do século XVI.*

8   *Para mais informações sobre a utilização do conceito em tempos atuais, consulte o Grupo de Pesquisa em Economia Política dos Sistemas-Mundo, da Universidade Federal de Santa Catarina: <http://gpepsm.paginas.ufsc.br/2018>. Acesso em: 1º out. 2019.*

*Armando Dalla Costa*

> Possibilita uma compreensão do avanço das trocas comerciais ao redor do globo e do desequilíbrio existente entre os espaços que passaram a estar integrados por meio das atividades mercantis e até mesmo permite distinguir essa realidade daquela marcada pelo conceito de *globalização*, que emergiria séculos depois.

Após as Grandes Navegações, o Ocidente testemunhou a primeira Revolução Industrial. A partir, sobretudo, da experiência inglesa, as máquinas e as fábricas substituíram a força humana e animal na produção pela primeira vez, tanto no campo como nas cidades. As indústrias começaram pelo setor têxtil, mas logo se expandiram para a metalurgia, a produção de cimento e ferro, além de outros setores de importância.

A invenção do trem ocasionou outra transformação de grande impacto. Pela primeira vez, os transportes se tornaram regulares, independentes de condições climáticas. Ferrovias passaram a atravessar países e continentes, tornando os deslocamentos de pessoas e de cargas mais baratos e seguros.

Há grande variedade de autores e obras dedicados à Revolução Industrial Inglesa. O historiador Eric Hobsbawm escreveu, entre outros, *As origens da Revolução Industrial*, publicado em 1979. Na obra, ele explicita as razões que levaram a Inglaterra a liderar a industrialização, mesmo não sendo o país mais desenvolvido da época. Também mostra como as máquinas e as ferramentas substituíram a força humana e animal, possibilitando o que ficou conhecido como *produção em massa*, caracterizada pela produção de uma grande quantidade de mercadorias em série, ou seja, todas iguais, o que possibilitou a cobrança de preços mais acessíveis e, consequentemente, a aquisição dos produtos por grande quantidade de pessoas, inclusive as mais pobres.

Esse conjunto de transformações instaurou o modelo atual de satisfação das necessidades materiais, que é o capitalismo. Desde que se estabeleceu, por volta de 1750, na Inglaterra, evoluiu, transformou-se, atravessou períodos de expansão e crise, e assim chegou até os dias atuais. Seu funcionamento se distingue conforme o país, se desenvolvido, emergente ou pobre. A história econômica busca explicar como se produz e como se distribuem a riqueza e os bens nesse modelo de produção. Mostra como se fazem as casas, as roupas, a pasta de dente, os computadores, os celulares, os filmes e como se produzem o arroz e o feijão, a carne e os legumes, e tudo o mais que é necessário para a nossa sobrevivência.

Você pode estar se questionando se existem outros modos de produção ainda vigentes no mundo. Embora o capitalismo seja dominante na maioria dos países do mundo ocidental, podemos nos voltar para países como China, Coreia do Norte e Cuba para observar as experiências comunistas remanescentes no planeta. Tais países ainda estão, em maior ou menor escala, sob a influência desse modo de produção, que viveu seu auge entre a Revolução Russa, em 1917, e a queda do muro de Berlim, em 1989.

No modo de produção comunista, a propriedade dos bens de produção, como terra, fábrica, comércio e banco, não pertence a um capitalista privado, também conhecido como *burguês*, mas ao Estado, e a organização político-partidária privilegia, pelo menos teoricamente, a classe operária. Os principais pensadores dessa forma alternativa ao capitalismo foram Karl Marx e Friedrich Engels, que posteriormente influenciaram vários economistas e historiadores econômicos e organizacionais.

Podemos uma vez mais recorrer a Hobsbawm para entender esse tema. O historiador britânico organizou uma *História do marxismo* em 10 volumes[9], que visam elucidar essa experiência em detalhes. Como apontamos anteriormente, a produção controlada pelo Estado começou com a Revolução Russa em 1917[10] e prolongou-se por quase um século, até a queda do muro de Berlim, em 1989. De alguma maneira, e com modificações, o sistema continua ainda funcionando na China, na Coreia do Norte e em Cuba. É importante destacar que, derivado do confronto entre o capitalismo e socialismo, sobretudo na segunda metade do século XX, surgiu nos países avançados da atual União Europeia um regime político-econômico conhecido como *Welfare State*. Nele, o Estado se utiliza de leis e concessões para possibilitar uma vida digna à maioria dos cidadãos, garantindo o atendimento das necessidades básicas, como habitação, saúde, alimentação e segurança. Naqueles países, quase não havia mais pobres, tampouco desempregados.

---

9   *Volume 1* – O marxismo no tempo de Marx; *Volume 2* – O marxismo na época da Segunda Internacional (primeira parte); *Volume 3* – O marxismo na época da Segunda Internacional (segunda parte); *Volume 4* – O marxismo na época da Segunda Internacional (terceira parte); *Volume 5* – O marxismo na época da Terceira Internacional: a revolução de outubro, o austromarxismo; *Volume 6* – O marxismo na época da Terceira Internacional: da internacional comunista de 1919 às frentes populares; *Volume 7* – O marxismo na época da Terceira Internacional: a URSS da construção do socialismo ao stalinismo. *Volume 8* – O marxismo na época da Terceira Internacional: o novo capitalismo, o imperialismo, o terceiro mundo; *Volume 9* – O marxismo na época da Terceira Internacional: problemas da cultura e da ideologia; *Volume 10* – O marxismo na época da Terceira Internacional: de Gramsci à crise do stalinismo.

10  Para entender os detalhes de como se deu a Revolução Russa de 1917, há um clássico da literatura: **Dez dias que abalaram o mundo**. Porto Alegre: LEM, 2002..

# (1.3)
# METODOLOGIAS DA HISTÓRIA ECONÔMICA

A metodologia leva em consideração tanto a maneira como se elabora a história econômica e organizacional do Ocidente como a forma de ensinar os conteúdos produzidos pelas pesquisas. Mais adiante, discutiremos o surgimento e o desenvolvimento da história econômica e organizacional, a partir do final do século XIX. Seu objeto são as próprias organizações ou empresas, firmas, companhias[11]. A historiografia se interessa por saber quando, onde, como e por que nascem e se desenvolvem as firmas.

Um aspecto interessante assinalado por Chandler (1962) é o contexto histórico, econômico e social em que transcorre a história das organizações. Autores europeus (Dalla Costa, 2017b) levam em consideração também outras questões, como a cultura, a relação das empresas com os governos instituídos, as relações família-empresa, e assim por diante. Já autores latino-americanos (Barbero; Jacob, 2008) mostram como a historiografia organizacional (empresarial) se desenvolveu no continente americano, tendo como objeto o desenvolvimento social, econômico, político, ideológico e cultural dos países da América Latina.

É preciso mencionar, ainda, a questão da busca dos dados para a pesquisa e a escrita sobre a história econômica e das empresas. Os autores costumam utilizar dados ou fontes primárias, que são os documentos originais das firmas, em geral preservados nos centros de memória empresarial. Estes são complementados por fontes secundárias, ou seja, livros, capítulos de livros e artigos. Há ainda, com relação à metodologia, o uso de dados agregados, como os do

---

11  Neste livro, consideraremos tais denominações como sinônimos.

Instituto Brasileiro de Geografia e Estatística (IBGE), assim como os da estatística propriamente dita.

Saes, Manzatto e Sousa (2015), ao analisarem o objeto e o ensino da história econômica no Brasil, destacam alguns pontos interessantes para compreender a metodologia de tal disciplina. Para os autores, a elaboração de um perfil de pesquisa e ensino de história econômica no Brasil depende da criação de algum critério objetivo, capaz de delimitar ambos os campos. Eles consideram como disciplinas de história econômica aquelas que tratam de temas relativos à análise econômica e social de processos históricos, o que força a exclusão de outras, como a história do pensamento econômico, cujo objeto é o estudo do pensamento dos intelectuais dedicados à produção teórica em economia.

A distinção se dá, portanto, pelo objeto de estudo. Enquanto a história econômica lida com as transformações econômicas e sociais em diferentes contextos, a história do pensamento econômico visa à compreensão do processo de construção da teoria econômica. Essa é uma concepção presente em obras clássicas de história do pensamento econômico, como as de Joseph Schumpeter (1968) e de Mark Blaug (1989). Esses autores buscaram a objetividade metodológica ao identificar o estudo da disciplina como *história da análise econômica*.

Em seu estudo, Saes, Manzatto e Sousa (2015, p. 247) consideram disciplinas de "história econômica aquelas que tratam especificamente da evolução dos acontecimentos econômicos, assim como de suas interpretações, tanto relativos aos acontecimentos internacionais, nacionais ou, inclusive, regionais".

Para entendermos a metodologia da história econômica, podemos observar quais disciplinas são consideradas nos cursos de Economia. Os autores mencionados apontam como disciplinas da área de história econômica as de História Econômica do Brasil e Formação Econômica do Brasil, entre outras denominações próximas. São aquelas que, de maneira geral, avaliaram a trajetória da economia brasileira entre a colônia e a República.

Há ainda, outros dois grupos de disciplinas a serem analisados. O primeiro está relacionado ao estudo da história econômica geral. Percorrendo da Idade Média ao final do século XX, trata dos grandes marcos da economia internacional. O segundo diz respeito às disciplinas de história econômica regional, que destacam especificidades da evolução da economia de determinados estados e/ou regiões.

Podemos concluir, então, que a metodologia da história econômica (organizacional) é o estudo dos dados econômicos em perspectiva histórica, isto é, considerando-se não apenas a produção e a distribuição de mercadorias, mas também o contexto social, econômico, político e cultural no qual os seres humanos vivem e produzem seus bens.

## (1.4)
## APLICAÇÕES DA HISTÓRIA ECONÔMICA NA HISTÓRIA DO BRASIL E NA HISTÓRIA GERAL

Se você tem entre 20 e 30 anos de idade, cabe perguntar a seus pais ou avós como eles faziam para ter o mínimo de conforto quando jovens. Se eles tiverem crescido na zona rural, possivelmente você ouvirá relatos como: "Eu mesmo fazia meu próprio colchão, com palhas de milho, que removia todas as manhãs ao levantar, para ficar pronto para dormir à noite. Quando as palhas envelheciam, ia lá no paiol de milho e escolhia novas. Assim, o colchão voltava a ficar novo".

O mesmo se dava em relação aos brinquedos. Quando uma criança pedia um carrinho ou uma boneca para brincar, seus pais faziam tais brinquedos. Na medida em que o menino ou a menina cresciam, eles mesmos começavam a produzi-los. Hoje, porém, nem seu avô faz mais o próprio colchão, nem as crianças fazem os próprios brinquedos. As indústrias produzem os bens materiais, pois se desenvolveram a tal ponto que se tornou mais prático e barato simplesmente comprá-los no mercado.

Também devemos lembrar que os objetos industrializados têm uma qualidade muito superior àquela dos que eram feitos por nossos pais e avós. As fábricas trabalham com máquinas, técnicas e matérias-primas que permitem construir mercadorias de uma maneira bastante sofisticada, de forma a atender às necessidades do mercado de maneira satisfatória.

E o que faz a história econômica? Ela estuda essas realidades, ou seja, como cada sociedade, em seu tempo, organiza-se para produzir tudo o que seus membros comem, bebem, vestem e as demais mercadorias do dia a dia. E como os estudos da história econômica se aplicam à história geral e à história do Brasil? Ela explica como se dava a produção de bens e serviços e como eram distribuídos ao longo da história de cada sociedade.

No caso da história do Brasil, o papel da história econômica é ajudar a explicar como se organizavam as atividades econômicas de forma a sustentar as pessoas, as instituições, o Estado, os governos, as polícias, o exército etc.

Podemos citar diversos historiadores e historiadoras da área que se dedicaram a buscar essas explicações. Celso Furtado, em seu livro *Formação econômica do Brasil*, explicou como a economia contribuiu para o desenvolvimento da nação. O texto foi escrito em 1958, enquanto o autor fazia um estágio de pós-doutorado na Universidade de Cambridge, na Inglaterra, e publicado no Brasil em janeiro de 1959. Duas semanas depois, ocupava o terceiro lugar entre os livros mais vendidos, numa lista encabeçada pelo romance *Gabriela, cravo e canela*, de Jorge Amado. Depois disso, o livro foi traduzido para o inglês, o francês, o castelhano, o italiano, o romeno, o polonês, o japonês e o chinês. Você poderia se perguntar quais motivos levaram um livro de economia a ganhar tanta fama. A resposta passa exatamente pelas aplicações e explicações que a história econômica pode fornecer para o esforço de compreensão da história do Brasil.

Furtado (2007) trata de questões como o comércio exterior relacionado ao crescimento da economia e da sociedade brasileira e analisa os vários ciclos pelos quais passou a economia do país, como os do açúcar, do gado, do ouro, da borracha e do café. Ele ainda estuda o papel da escravidão durante quatro dos cinco séculos de nossa história. Trata das migrações promovidas para substituir, em parte, a mão de obra escrava, primeiro nas fazendas, depois nas fábricas e serviços urbanos. Por fim, mostra como a industrialização foi instituída e desenvolvida entre o final do século XIX e o início do XX.

> **Preste atenção!**
>
> O livro de Celso Furtado é apenas uma indicação. Se você estiver interessado, basta fazer uma rápida busca na internet para descobrir outros livros deste mesmo autor, assim como uma enorme variedade de outros autores e livros que usam a historiografia econômica como instrumento para explicar a história de nosso país.
>
> O mesmo pode ser dito com relação à história geral. Há inúmeras obras que visam elucidar a evolução do mundo e das relações humanas. Também há uma série de trabalhos na historiografia econômica que contribuem para entender como, nos diferentes momentos, a humanidade se organizou para atender a suas necessidades.

Saes e Saes (2013) mostram como as diversas sociedades ocidentais se organizaram ao longo de cerca de dez séculos, entre o ano 1000 até o início do século XXI. A obra desses autores está dividida em seis partes. Inicia caracterizando a transição do feudalismo para o capitalismo e segue apresentando a expansão comercial e marítima, o mercantilismo e o Estado absolutista. A terceira parte aborda as transformações na propriedade fundiária e na produção artesanal e manufatureira ocorridas nos séculos XVI a XVIII. A partir dessa constatação, são analisadas a Revolução Industrial britânica e a expansão do capitalismo entre os anos de 1760 a 1870. Em seguida, a obra descreve as transformações ocorridas no capitalismo, mencionando a Grande Depressão no século XIX e os fatores que levaram à Primeira Guerra Mundial (1914 a 1918).

Na sequência, a obra trata do período entre-guerras, apontando a Segunda Guerra Mundial como a grande catástrofe que atingiu a humanidade. Encerrado esse período, passa então à era de ouro do capitalismo, concomitante à expansão das economias socialistas. A tensão entre esses dois modelos marcou o período conhecido como *Guerra Fria*. A última parte do livro é dedicada a explicar o capitalismo no final do século XX e a crise pela qual passou o socialismo. Trata-se, portanto, de um exemplo de investigação acadêmica que nos ajuda a compreender a contribuição da história econômica para o entendimento da história geral da humanidade.

## Síntese

Ao longo deste primeiro capítulo, introduzimos o tema da história econômica e das organizações. Primeiramente, apontamos quando a história econômica surgiu e como se desenvolveu. Vimos que se distinguiu das demais correntes da historiografia e cresceu como um ramo próprio a partir do final do século XIX, tendo sido predominante até meados da década de 1970. Destacamos que, nesse período, foram fundadas as principais associações nacionais de história econômica dos Estados Unidos, da Europa e do Japão. Na América Latina, entretanto, as associações nacionais surgiram no momento em que a história econômica já havia perdido sua predominância, ou seja, a partir da década de 1980.

Também conceituamos o objeto e a metodologia da história econômica. Mostramos que o foco da disciplina está na análise da produção e distribuição dos bens consumidos pelos seres humanos. Por fim, analisamos as possíveis contribuições que a história econômica e das organizações pode dar para o conjunto da história do Brasil e da história geral.

## Indicações culturais

Para saber mais sobre os assuntos tratados neste capítulo, você pode consultar:

ABPHE – Associação Brasileira de Pesquisadores em História Econômica. Disponível em: <http://www.abphe.org.br>. Acesso em: 2 out. 2019.

ECONOMIANET. Disponível em: <http://www.economiabr.net>. Acesso em: 2 out. 2019.

FURTADO, C. **Formação econômica do Brasil**. 34. ed. São Paulo: Companhia das Letras, 2007.

PRADO JÚNIOR, C. **História econômica do Brasil**. São Paulo: Brasiliense, 2006.

SAES, F. A. M. de; SAES, A. M. **História econômica geral**. São Paulo: Saraiva, 2013.

SAES, A. M.; MANZATTO, R. F.; SOUSA, E. S. Ensino e pesquisa em história econômica: perfil docente e das disciplinas de história econômica nos cursos de graduação de Economia no Brasil. **História Econômica & História de Empresas**, v. 18, n. 2, p. 229-263, 2015.

Para saber mais sobre história econômica e história de empresas, consulte:

LAMOREAUX, N. R.; RAFF, D. M. G.; TEMIN, P. Beyond Markets and Hierarchies: toward a New Synthesis of American Business History. **American Historical Review**, v. 108, p. 404-433, Apr. 2003. Disponível em: <http://www.nber.org/papers/w9029>. Acesso em: 2 out. 2019.

Resenhas bibliográficas para aprofundamento em história econômica podem ser encontradas em:

IEHA – International Economic History Association. Disponível em: <http://www.ieha-wehc.org/>. Acesso em: 2 out. 2019.

Para informações sobre Congressos Internacionais de História Econômica, indicamos os seguintes *sites*:

EH.NET. Disponível em: <http://www.eh.net>. Acesso em: 2 out. 2019.

HARVARD BUSINESS SCHOOL. **Business History**. Disponível em: <http://www.hbs.edu/bhr/current.dtl>. Acesso em: 2 out. 2019.

# Atividades de autoavaliação

1. A respeito da história econômica e organizacional, assinale V para as sentenças verdadeiras e F para as falsas.

   ( ) A história econômica constituiu-se como ramo específico da história no final do século XIX e permaneceu predominante até o final da década de 1960.

   ( ) A revista dos *Annales* foi fundada por Fernand Braudel e tornou-se a mais importante publicação de história da França.

   ( ) Na primeira metade do século XX, surgiram diversas associações de história econômica nos países desenvolvidos. As duas mais importantes são a inglesa Economic History Society, lançada em 1926, e a norte-americana Economic History Association, de 1940.

   ( ) Na América Latina, as associações de história econômica surgiram no final do século XX e passaram a organizar congressos e conferências nacionais e internacionais, assim como a publicar diversas revistas.

   Agora, marque a alternativa que indica a sequência correta:

   a) V, F, V, V.
   b) V, V, F, V.
   c) V, F, F, V.
   d) V, V, V, F.

2. Considere as afirmações a seguir.
   01) Os congressos internacionais, como o Congresso Latino Americano de História Econômica (Cladhe), possibilitam conhecer pesquisadores de outros países, formar parcerias internacionais, discutir projetos de pesquisa em parceria

e publicar artigos em coautoria com pesquisadores estrangeiros.

03) A disciplina de história econômica foi ofertada pela primeira vez na Universidade Harvard, em 1892. Na Inglaterra, as primeiras universidades a ofertar a disciplina foram a London School of Economics e as universidades de Oxford, Manchester e Cambridge.

05) Um dos objetos mais importantes de estudo da história econômica é a análise de como são produzidos e distribuídos os bens necessários para a sobrevivência dos homens.

10) Um dos temas da história econômica é o estudo da escravidão como forma de produção de riqueza. No mundo antigo, os escravos eram os vencidos nas guerras, os que nascessem escravos ou os devedores, até quitarem suas dívidas.

Agora, assinale a alternativa que corresponde à soma das afirmações verdadeiras:

a) 1
b) 9
c) 13
d) 19

3. Leia as afirmações a seguir.
   I) As disciplinas de história econômica são as que tratam especificamente da evolução e interpretação dos acontecimentos econômicos internacionais, nacionais e regionais.

II) A metodologia da história econômica (organizacional) trata do estudo dos dados econômicos em perspectiva histórica. Ela explica a produção e a distribuição de mercadorias, e também o contexto social, econômico, político e cultural no qual os homens vivem e produzem seus bens.

III) A obra *Formação econômica do Brasil*, de Celso Furtado, é um dos exemplos de como um estudo de história econômica pode contribuir para uma melhor compreensão da história do Brasil.

IV) São temas da história econômica do Brasil: os ciclos econômicos (açúcar, gado, ouro, borracha, café), o trabalho escravo, os imigrantes e a industrialização. Seu estudo contribui para uma melhor compreensão da história do país.

Agora, assinale a alternativa correta:

a) Somente as afirmações I e II são verdadeiras.
b) Somente a afirmação III é verdadeira.
c) Apenas as afirmações II e III são verdadeiras.
d) Todas as afirmações são verdadeiras.

4. Sobre história econômica, assinale V para as alternativas verdadeiras e F para as falsas.
( ) De maneira geral, os livros dividem a história da humanidade em quatro grandes fases: antiga, medieval, moderna e contemporânea.
( ) Uma limitação da história geral, assim como da história econômica, é tratar apenas da história da civilização ocidental, deixando de fora as demais sociedades, como as nações africanas e asiáticas.

( ) A história econômica, apesar de muito importante, é apenas uma das correntes da historiografia. Destacam-se também a história cultural, a história das mentalidades, a da vida privada, a do cotidiano, a da política, entre outras.

( ) Por tratar de um tema muito específico, a história econômica praticamente não contribui em nada para uma melhor compreensão da história do Brasil e da história geral.

Agora, marque a alternativa que indica a sequência correta:

a) V, V, V, V.
b) V, V, V, F.
c) V, F, F, F.
d) V, V, F, F.

5. Analise as afirmativas a seguir.

01) A economia foi ganhando *status* de ciência a partir da publicação do livro *A riqueza das nações*, de Adam Smith, em 1776.

02) A história econômica também foi objeto de estudo dos seguidores de Marx, que contribuíram, sobretudo, para o entendimento da passagem do feudalismo para o capitalismo e da história econômica da Rússia.

04) Uma das correntes da história econômica, que se desenvolveu recentemente, é a história quantitativa, que faz uso de dados quantitativos, graças às facilidades propiciadas pelo computador.

08) Por trabalhar com uma quantidade grande de dados, a história quantitativa se beneficiou com o advento da informática, que permite coletar uma grande quantidade de informações.

Agora, assinale a alternativa que corresponde à soma das afirmativas corretas:

a) 5
b) 6
c) 12
d) 15

## Atividades de aprendizagem

Questões para reflexão

1. Procure conhecer sua própria história. Para tanto, faça uma árvore genealógica, inserindo os nomes de seus pais, com datas de nascimento e casamento (e de falecimento, se for o caso). Liste seus irmãos, caso os tenha, com as respectivas datas de nascimento e de casamento, caso tenham cônjuges. Insira também os nomes de maridos ou esposas de seus irmãos. Em seguida, coloque os nomes de seus avós, com datas de nascimento, casamento, número de filhos (ou seja, seus tios e tias), sobrinhos e datas de falecimento, se for o caso. Por fim, faça o mesmo exercício em relação a seus bisavós. Busque em sua família os documentos primários (certidões de nascimento, casamento e óbito), de forma a tornar as informações mais precisas. Você também pode entrevistar seus pais e avós para complementar as informações.

2. Faça um breve histórico da cidade em que vive. Você deve descobrir quando e como foi fundada, como cresceu e qual é sua situação atual. Busque documentos primários que descrevam o dia e ano de fundação de seu município, o dia de sua comemoração, as principais festas, os edifícios

históricos, entre outras informações de interesse. Explique como aumentou a quantidade de habitantes da cidade e como foram implantados e expandidos serviços públicos como água, habitação, saúde e educação. Por fim, mostre como sua família se insere na história da cidade.

## Atividades aplicadas: prática

1. Leia o livro *História econômica do Brasil*, de Caio Prado Júnior, e faça uma síntese. Em seguida, verifique quais elementos desse texto de história econômica são importantes para compreender a história do Brasil desde 1500 até 1970.

2. Acesse o *site* oficial do VI Congresso Latino-Americano de História Econômica (Cladhe 6), realizado em Santiago, no Chile, entre 23 e 25 de julho de 2019. Consulte a programação dos 40 simpósios apresentados (disponível em <http://www.cladhe6.usach.cl/programa>) e escolha algum que esteja relacionado à história econômica (por exemplo, *Retos en la enseñanza de la historia económica*) e outro relacionado à história de empresas ou história organizacional (por exemplo, *Inversión directa extranjera y empresas multinacionales en América Latina*). Leia um artigo de cada simpósio escolhido e veja como os autores relacionam a história econômica (ou a história de empresas) com a história do Brasil (ou de outro país da América Latina) e com a história geral.

Capítulo 2
Localização e análise dos fenômenos
econômicos em relação às variáveis *espaço*,
*tempo* e *duração* em história

> *O entendimento útil deveria fazer-se sobre a longa duração, essa estrada essencial da história, não a única, mas que coloca por si só todos os grandes problemas das estruturas sociais presentes e passadas. É a única linguagem que liga a história ao presente, convertendo-a em um todo indissolúvel.*
>
> *(Braudel, 1992, p. 8)*

Como qualquer outra ciência, a historiografia está em permanente transformação. Ao longo do século XIX, ocorreram muitas discussões sobre termos como espaço, tempo, história positivista, história dos personagens, história total, história do tempo presente, história parcial e história total.

Neste capítulo, introduziremos uma discussão a respeito dos conceitos de *espaço* e *tempo*. Trabalharemos a ideia de espaço geográfico desenvolvida por Fernand Braudel ao analisar a vida dos homens ao redor do Mediterrâneo no tempo do Rei Filipe II da Espanha. O historiador francês mostra como os espanhóis do século XVI interagiram com o espaço geográfico, que era o mais importante do ponto de vista econômico, social e político para a época. Com relação ao tempo, o autor apresenta o conceito de *longa duração* para explicar as tendências que se manifestam na história.

Veremos, então, como essas tendências são mais bem compreendidas se analisadas sob o ponto de vista da longa duração. Braudel, assim como outros autores da Escola dos *Annales* e demais contemporâneos europeus e americanos, defende que só podemos entender bem os fenômenos históricos se percebermos como eles se desencadearam ao longo do tempo. Numa análise inspirada em Nikolai Kondratiev[1], podemos identificar tendências de subida de preços ou de manutenção dos salários durante um quarto de século, meio século ou, no limite, de um século ou mais. Os dados revelados por esses estudos, portanto, mostram o avançar da história.

Braudel também buscou esclarecer a passagem do feudalismo para o capitalismo. Essa análise está presente no livro *Civilização material, economia e capitalismo*. Uma vez mais, encontramos um exemplo de estudo no longo prazo. Os três volumes mostram a evolução da sociedade mundial ao longo dos séculos XV a XVIII. A obra também nos ajuda a compreender a história total, uma vez que o autor não se limita a fazer uma análise econômica, englobando também outros temas históricos, relacionados a diversos países.

Ainda neste capítulo, vamos evocar outros autores, como Eric Hobsbawm e Giovanni Arrighi, a fim de ampliar a compreensão acerca dos conceitos de longa duração, história total, formação e falência dos principais impérios mundiais. Após a realização desse estudo, acreditamos que você estará apto para entender as persistências e as disrupturas na história, verificando como podem acontecer tanto na história brasileira como na história econômica e das organizações mundiais.

---

1 *Nikolai Dimitrievich Kondratiev (1892-1938) foi um economista russo. Um dos teóricos da Nova Economia Política, é mais conhecido por ter sido o primeiro a tentar provar estatisticamente o fenômeno das ondas longas, movimentos cíclicos de aproximadamente 50 anos de duração, conhecidos posteriormente, na economia, como ciclos de Kondratiev.*

## (2.1)
## DISCUSSÃO HISTORIOGRÁFICA SOBRE ESPAÇO E TEMPO NA HISTÓRIA ECONÔMICA

O espaço e o tempo são dois conceitos fundamentais para a historiografia e a economia, pois não há como pensar na atuação do homem para satisfazer suas necessidades vitais sem considerar o espaço e o tempo em que ele se encontra. Tanto é assim que, com o passar dos séculos, as próprias noções de espaço e tempo foram evoluindo e se transformando. Os historiadores aprimoraram sua maneira de contextualizar os homens e sua história conforme o escopo de espaço e tempo.

Braudel, em seu clássico *O Mediterrâneo* (1995c), aponta três sentidos da história, derivados dos fenômenos do espaço e do tempo. Para o autor, o primeiro sentido "põe em questão uma história quase imóvel, a do homem em suas relações com o meio que o cerca; uma história lenta no seu transcorrer e a transformar-se, feita com frequência de retornos insistentes, de ciclos incessantemente recomeçados" (Braudel, 1992, p. 14-15).

Podemos compreender essa leitura da história tendo em vista o objeto de estudo do autor francês, ou seja, o mundo mediterrâneo antes e durante as grandes descobertas. A imobilidade apontada por Braudel era vista, por exemplo, a cada primavera, quando as flores se repetiam, mas de maneira diversa. Além disso, os rebanhos iam e voltavam todos os dias, os barcos andavam para a frente e para trás no Mediterrâneo, cujas ondas e correntes comportavam-se de maneira diversa nas várias estações do ano.

Esse é o tempo de uma história quase imóvel. Ainda não havia ocorrido a Revolução Industrial. Sem seus produtos derivados, como o trem, o automóvel, o avião e, para citar uma invenção mais recente, a internet, a vida prosseguia em seu ritmo e em suas transformações.

Na segunda parte de *O Mediterrâneo* (1995c), Braudel dedica-se a analisar os grupos e os agrupamentos. Estuda as economias e os Estados; em seguida, as sociedades e as civilizações, tentando mostrar como todas essas forças agem no domínio complexo. O esforço teórico, portanto, é para inserir o homem em seu tempo, em estruturas e conjunturas que mudavam lentamente. Por exemplo, um agricultor utilizava um arado de bois como seus avós o haviam empregado, quase sem modificação. Por sua vez, os netos dele continuariam a empregar as mesmas ferramentas, técnica e força motriz, ou seja, os bois. As estruturas, as firmas, as organizações, os Estados tinham um ritmo próprio.

Na terceira parte do livro, Braudel (1995c) ocupa-se do estudo do indivíduo, de sua vida breve (tal como a do homem contemporâneo, ressalte-se). Trata de uma história com oscilações breves, rápidas, nervosas. O autor chega à conclusão de que esta é a mais apaixonante, a mais rica em humanidade e, também, a mais perigosa. Ele ressalta que é preciso desconfiar dessa história ainda "quente", tal como os contemporâneos a sentiram, descreveram, viveram, no ritmo de sua vida. Afinal, carrega a dimensão de suas cóleras, de seus sonhos e de suas ilusões.

Braudel conclui essa parte da reflexão afirmando que podemos escalonar a história em diversos planos: fazer, no tempo da história, uma distinção entre um tempo geográfico, um tempo social e um tempo individual.

Parafraseando Ribeiro (2014), podemos afirmar que Braudel oferece o tempo histórico em sua pluralidade e totalidade. Para o francês, a história é também meio geográfico e sociedade, e não apenas política e biografia.

> **Importante!**
>
> O acontecer da história não é linear, mas ritmado por variações climáticas, distâncias, barreiras naturais, crescimento demográfico, epidemias, alimentação e códigos civilizatórios. Combinados, esses fenômenos impõem uma maneira de fazer história que, em contraposição à estrutura, considera a combinação de mudança e permanência, velocidade e lentidão, evento simples e singular.

## (2.2)
## A DISCUSSÃO DE ESPAÇO E TEMPO EM *O MEDITERRÂNEO*, DE BRAUDEL

A conselho dos fundadores da revista dos *Annales*, a análise do Mediterrâneo de Braudel (1995c) põe em xeque o conceito tradicional de história, agregando-lhe um conteúdo trazido de outras ciências sociais, especialmente da geografia. Entretanto, ele não se limitou apenas a recorrer a elementos da geografia que contribuíssem para um melhor entendimento da história. Ele provocou uma revolução na maneira mesma de entender a contribuição desta e de outras ciências sociais para a disciplina. A interdisciplinaridade, a pluralidade do tempo e a história total inserem o homem em seu meio econômico, social, político, ideológico, cultural e emocional.

Ao buscar uma explicação para tal relação entre as ciências sociais e a história, Ribeiro (2014) destaca o embate trazido por Braudel ao discutir a metodologia da história. O historiador francês resgatou uma discussão com uma história impassível, não apenas em relação à geografia, mas também em relação à economia e aos problemas sociais, às civilizações e seus feitos, às religiões, às letras e às artes.

Portanto, a contribuição das demais ciências à história vai muito além de simples aportes pontuais no tratamento de determinados assuntos, lugares ou fatos.

A pergunta que você, leitor, pode estar se fazendo é por que, afinal de contas, Braudel escolheu o Mediterrâneo na época de Filipe II para verificar como se deu a relação da história com o espaço e o tempo.

Para Ribeiro (2014), a escolha de Braudel não se deveu somente ao mar, mas a um complexo conjunto de fatores, como as várias formas de vida e as transformações econômicas ocorridas ao seu redor. Nesse espaço, desenvolveu-se uma rota secular de encontros e desencontros entre povos e civilizações, pois se trata de uma ligação natural entre a Europa, a África, o Oriente Médio e o resto do mundo.

> **Curiosidade**
>
> Filipe II nasceu em 21 de maio de 1527 e faleceu em 13 de setembro de 1598. Foi rei da Espanha de 1556 até sua morte, e também rei de Portugal e Algarves, como Filipe I, a partir de 1581. Expandiu o domínio espanhol a Portugal, à Flórida e às Filipinas.

O próprio autor, aliás, explica como funcionava a vida e o que era o tempo longo, da longa duração, no Mediterrâneo daquele tempo. Na abertura das chamadas *Jornadas Fernand Braudel*, realizadas entre os dias 18 e 20 de outubro de 1985, no Centro de Reuniões de Châteauvallon, em Toulouse, na França, ele apresentou a seguinte explicação:

> No Mediterrâneo do século XV ou XVI, quando chega o inverno, todos os navios voltam para o porto. Só recomeçam a correr os mares com os dias bonitos, com o mês de abril. É assim que todos os anos, quaisquer que

*sejam os acontecimentos, as situações, as civilizações que se instalem no contorno do Mediterrâneo, observamos esse movimento. Encontramos um movimento comparável nos rebanhos que voltam às alturas e tornam a descer para as planícies quentes. São movimentos que se repetem, que continuam, nada parece mudar. Essa história imóvel, essa história que acabei por chamar história de longa duração, é a estrutura da história, ela é a explicação da história. Ela é a explicação do próprio Mediterrâneo, a de um país como o nosso.* (Braudel, 1989d, p. 11)

É preciso levar em consideração que esse "resto de mundo" conectado à Europa pelo Mediterrâneo incluía o continente americano e o australiano, que foram incorporados às atividades econômicas, sociais e comerciais do Velho Mundo. Portanto, tempo e espaço na historiografia passaram a tomar um sentido mais amplo e completamente novo.

Um exemplo dessa relação de tempo e espaço são as riquezas conseguidas pela Espanha no tempo de Filipe II. Os metais preciosos levados da América modificaram o sentido da economia e a importância daquele país entre os vizinhos europeus. Com isso, deram novo impulso às rotas comerciais.

Voltando à análise de Braudel sobre o Mediterrâneo, Ribeiro (2014) aponta que o autor o descreve em detalhes no que se refere a espaço e tempo. Destaca, ao mesmo tempo, os climas que o influenciavam, as paisagens, as ilhas e relevos que serviam para o homem desenvolver atividades que lhe garantissem a sobrevivência. Esse Mar também é mostrado como espaço econômico e lugar de disputas políticas. A partir de Braudel, portanto, o mar Mediterrâneo deixa de ser um cenário estático e imutável para se transformar em algo "vivo", eternamente em mudança e transformação.

> **Fique atento!**
>
> Braudel descobriu no Mediterrâneo não apenas uma relação entre o homem e o meio em que vivia. Tratava-se, principalmente, de um espaço de tensão e disputa, decorrentes dos diversos interesses econômicos que interligavam diferentes civilizações e culturas.

O autor entendeu que esse mar era o espaço de ligação e choque dessas civilizações, que ensinavam e aprendiam umas com as outras, ganhavam dinheiro e disputavam mercados. Braudel (1995c) destaca que a história do Mediterrâneo apresenta um homem em seu tempo, com diversas histórias de dificuldades, problemas e agruras, porém beneficiário do clima e da presença da água tanto para a navegação quanto para a pesca e a produção de alimentos. Os pastores e os habitantes das cidades se admiravam com o clima, as estações do ano, os diversos povos, línguas e culturas inter-relacionadas, entre outras características. Era o lugar em que conviviam, em um tempo e espaço específicos, pescadores, nômades, camponeses, comerciantes, artesãos, homens de negócios, religiosos e suas crenças.

Braudel contribuiu para a discussão historiográfica desenvolvida a partir dos estudos de Lucien Febvre e Marc Bloch, difundidos na revista dos *Annales*. O esforço consistia em entender a história como rotina, cotidiano, continuidade e permanência. Era preciso rever as estruturas da história, entendidas como dotadas de cadência própria, e perceber seu ritmo. As modificações tendem a ser lentas, argumentavam, porém, quando percebidas na longa duração, suas influências no comportamento e na vida dos homens são indentificadas.

## (2.3)
## O TEMPO E A LONGA DURAÇÃO NA HISTÓRIA

Para Ribeiro (2014), é necessário levar em consideração que a história tem a própria cadência, um ritmo, um tempo que dura e é resistente à mudança. Esses fenômenos nos levam a buscar na longa duração, e não no agora, aquilo que contribui para dar forma à história. Essa postura nos ajuda a compreender os fatos em sua totalidade.

Ao se referir às demais ciências sociais como colaboradoras da história, Braudel (1992, p. 44) cita economistas, etnógrafos, etnólogos, antropólogos, sociólogos, psicólogos, linguistas, demógrafos, geógrafos e até matemáticos sociais e estatísticos. Para o autor, esses intelectuais podem dar contribuições importantes para a compreensão do homem no seu tempo, na longa duração e nos espaços em que vive. O historiador critica a história que ele chama de *tradicional*, afirmando que ela estava atenta "ao tempo breve, ao indivíduo, ao evento" (Braudel, 1992, p. 44) e que havia se habituado a discutir apenas uma narrativa precipitada e dramática, que fazia uma análise de "fôlego curto". O autor apresenta, então, a nova história econômica e social, que se baseia na oscilação cíclica e que sustenta sua análise a partir da longa duração.

Assim, Braudel (1992) resgata a discussão sobre a história longa, do tempo longo e até mesmo "longuíssimo" – que, em sua definição, é o secular. O autor detalha como é possível entender a história do cotidiano, do evento fugaz, em contrapartida à longa duração. Para isso, ressalta o papel do jornalista ou do cronista como exemplo do tempo curto, da vida cotidiana. Esses escritores descrevem os acidentes da vida diária, como um incêndio, uma catástrofe ferroviária, um acidente de carro nas estradas ou mesmo nas cidades, um crime contra alguma mulher (feminicídio, em nossos tempos), o preço do pão na padaria, uma peça de teatro, uma inundação ou o rompimento de uma barragem de mineradora. Essa, afinal, é a função deles. Dessa forma, o tempo curto mostra fatos da vida econômica, social, literária, institucional, religiosa, geográfica.

Braudel destaca uma ruptura ocorrida no tempo curto presente nas formas tradicionais da história do século XIX, assinalando que essa abordagem beneficiou a história econômica e social em detrimento da história política. Por causa disso, argumenta, ocorreu uma renovação historiográfica, com mudança nos métodos e centros de interesse e com o surgimento, inclusive, de uma história quantitativa.

Em seguida, detalha o que entende por *tempo curto* e *longa duração*. Quando faziam história política, um dia ou um ano pareciam boas medidas para os historiadores tradicionais, afirma Braudel. Entretanto, uma curva de preços, uma progressão demográfica, o movimento dos salários dos operários, a variação da taxa de juros, a evolução da produção agrícola e agropecuária e outros fatos que interferem diretamente na produção dos bens necessários à nossa sobrevivência apontam para a necessidade de um estudo de longa duração. Esses acontecimentos, ressalta, não poderiam ser entendidos apenas com uma análise do dia a dia.

Dessa forma, surge uma nova forma de narrativa histórica, a qual leva em consideração os ciclos longos e, entre estes, os interciclos, que exigem uma análise de uma dezena de anos, de um quarto de século e, no limite, de meio século, alinhando-se, portanto, ao clássico estudo das ondas de Kondratiev. Mamigonian (1999, p. 152) lembra que "a Revolução Industrial dos fins do séc. XVIII inaugurou os ritmos industriais de várias durações, principalmente os ciclos decenais (juglarianos) e os ciclos longos, de cinquenta anos (Kondratieff), cada um com fase expansiva ("a") e fase depressiva ("b")".

> **Preste atenção!**
>
> Karl Marx e Friedrich Engels constataram os ciclos decenais entre 1848 e 1857, sistematizados estatisticamente por Clement Juglar em 1860. Engels assinalou a longa depressão do final do século XIX, estatisticamente demonstrada por Kondratiev, em 1926. Para Braudel (1992, p. 48), um bom exemplo desse tipo de análise foi o lançamento do livro de Ernest Labrousse[2], em 1933, que estudava o movimento geral dos preços na França no século XVIII em um movimento secular.

Além dos ciclos e interciclos, há também o que os economistas chamam de *tendência secular*. Suas considerações tratam das crises estruturais e são apresentadas como esboços ou hipóteses, oferecendo útil introdução à história da longa duração e boa chave inicial de interpretação.

Apesar de a pesquisa histórica ter chegado a conclusões robustas no campo da economia, existe certa dificuldade para discernir a longa duração. Ao mencionarem ciclos, interciclos e crises estruturais, os estudos mostram a ocultação de certas regularidades – sistemas como velhos hábitos de pensar e de agir. São quadros resistentes, que desafiam a lógica e são difíceis de serem superados.

Podemos concluir salientando que *O Mediterrâneo* é um texto eclético, que motivou muitas afirmações e concepções. Alguns comentadores, como Araújo (2003), sequer acreditam que Braudel tenha inovado ao criar uma geo-história. Outros (Fourquet, 1989) o veem como um revolucionário das concepções de espaço e tempo. O livro

---

2 LABROUSSE, E. *Esquisse du mouvement des prix et des revenus en France aux XVIIIe siècle*. Paris: Dalloz, 1933. 2 v.

suscitou inúmeros debates, atravessando e dividindo gerações (Febvre, 1950; Fontana, 1998; Dosse, 1999; Reis, 1994).

Ribeiro (2014) chama atenção para o fato de Braudel instrumentalizar a geografia e a história, transformando-as em geo-história. Se houvesse um "tipo ideal" analisando (i) tempo e espaço; (ii) curta, média e longa duração; (iii) relação entre as várias ciências com a história, isso tudo poderia ser resumido como:

a) relação homem-meio;
b) ocupação/povoamento/migrações/redes urbanas;
c) distâncias;
d) traçado de rotas comerciais, terrestres e marítimas;
e) descrição do sítio e da situação/análise de posição;
f) domínio político do espaço;
g) dimensão econômica do espaço.

> **Fique atento!**
>
> *O Mediterrâneo* deu início a uma trilogia monumental de Braudel, complementada com *Civilização material, economia e capitalismo* e finalizada com *A identidade da França*, de 1989. Nessas obras, Braudel deu conta de analisar a história a partir da longa duração, envolvendo o homem, a economia, a cultura, a religião, os costumes e o meio ambiente. Dessa forma, chegou, em alguns momentos, próximo da história total e da longa duração.

## (2.4)
## Espaço e tempo em *Civilização material, economia e capitalismo*

Em 1967, Braudel publicou *Civilização material, economia e capitalismo: séculos XV-XVIII*, obra divida em três volumes (Braudel, 1995a, 1995b, 1996). O primeiro versa sobre as estruturas do cotidiano; o segundo, sobre os jogos das trocas; e o último, sobre o tempo do mundo. É consenso que se trata de um dos maiores e melhores livros de história econômica para compreender os séculos que viram a economia mundial transitar do feudalismo para o capitalismo.

No primeiro volume, o autor se ocupa das explicações sobre as estruturas do cotidiano. Parte, desde logo, da realidade observável, repleta de evoluções que se confrontam, se combinam, se contradizem. A economia funciona nesse contexto, explicando os mecanismos de produção e de troca, consequência das atividades rurais, comerciais, industriais e financeiras, que formam o que chamamos de *mercado*.

Braudel aponta para a existência de uma "outra faixa", diferente da faixa da economia. Ele a denomina *zona espessa, rente ao chão* ou, simplesmente, *vida material*. No entanto, ressalta que se trata de um conceito de difícil definição. Por falta de uma terminologia mais adequada, passou a chamá-la de *infraeconomia*. Podemos compreendê-la como o setor mais informal da economia, constituído por práticas de subsistência e escambo de produtos e de serviços, em tempo e espaço limitados.

Segundo Braudel (1995b, p. 12), ergueram-se hierarquias sociais ativas que falseiam a troca em proveito próprio, fazendo vacilar a ordem estabelecida e criando anomalias e turbulências. Entre os que podiam abalar, à distância, setores inteiros da economia europeia ou até mundial, encontravam-se alguns mercadores de Amsterdã no século XVIII, ou de Gênova, no século XVI.

Com a análise de documentos referentes aos séculos XV a XVIII, Braudel desenvolveu um esquema tripartite, em que cada uma das partes tornou-se o tema de cada um dos livros que compõem *Civilização material, economia e capitalismo*. O primeiro, publicado ainda em 1967, é uma espécie de pesagem do mundo, ou seja, o reconhecimento dos limites do possível no mundo da pré-indústria. Um desses limites é o lugar, enorme, ocupado pela assim chamada *vida material*.

O segundo volume, que trata dos jogos da troca, confronta a economia com a atividade superior do capitalismo, como veremos a seguir. No prefácio desse tomo, Braudel (1995b, p. 7-9) chama atenção para o fato de que o texto explora, acima do andar térreo da vida material examinado no primeiro volume, os andares imediatamente superiores da vida econômica e, acima desta, a ação capitalista. O historiador destaca que a diferença entre vida material e vida econômica se materializa em milhares de pontos, tais como feiras, bancas e lojas. Lembremos que o subtítulo desse volume é *Os jogos das trocas*, que representam, por sua vez, rupturas. Há, de um lado, a vida econômica, com suas trocas, moedas, praças comerciais, bolsas ou grandes feiras; de outro, a vida material, a não economia, sob o signo da autossuficiência.

Nesse volume, o autor trata do conjunto dos jogos da troca, desde o escambo elementar até, e inclusive, o mais sofisticado capitalismo. Iniciando pelo século XV e chegando até o XVIII (conforme o conceito da longa duração, portanto), demonstra preocupação com uma descrição atenta, tentando apreender regularidades e mecanismos. Busca, assim, fazer uma espécie de história econômica geral daquele período.

> **Importante!**
>
> Braudel afirma que, de modo geral, fez um esforço de inteligibilidade para reconhecer articulações, evoluções e as forças imensas que mantêm a ordem tradicional e as "violências inertes". Trata-se, então, de um estudo situado na junção do social, do político e do econômico em perspectiva histórica, do ponto de vista da longa duração.

O terceiro volume de *Civilização material, economia e capitalismo* é dedicado ao tempo do mundo. Nele está retratada a história dos fluxos e refluxos da dominação em escala mundial. O estudo versa sobre as preponderâncias urbanas sucessivas de Veneza, Antuérpia, Gênova e Amsterdã. Aborda, ainda, o advento das economias nacionais, com destaque para os casos de França e Inglaterra. Por fim, explica como aconteceu a conquista britânica do mundo, que teve na Revolução Industrial a base para proporcionar os recursos necessários para a empreitada. Tal revolução transformou profundamente os modos de produção e circulação das mercadorias, e sua influência se faz sentir até nossos dias.

Para Braudel (1995c, p. 19), "vida material são os homens e coisas, coisas e homens". Estudar as coisas – os alimentos, as habitações, o vestuário, o luxo, os utensílios, os intrumentos monetários, a definição de aldeia ou cidade, em suma, tudo aquilo de que o homem se serve – não é a única maneira de avaliar sua existência cotidiana. Conforme o autor, é preciso também verificar como a humanidade avançou em seu todo, em quantidade de habitantes. Essa particularidade do método é empregada no livro, ou seja, busca-se avaliar como se comporta a economia nas diferentes sociedades mundiais ao longo dos séculos XV ao XVIII.

Complementando seu método, Braudel utilizou a observação, repetida, segundo ele, "até cansar os olhos", valendo-se das diversas ciências sociais. Usando o método comparativo, de acordo com a recomendação de Marc Bloch, ele levou em conta a perspectiva da longa duração. O autor conclui afirmando que construiu um livro no meio do caminho entre a história, sua inspiração primordial, e as outras ciências do homem.

Trata-se, portanto, de um trabalho metodologicamente inspirado nas diversas ciências sociais, tendo o tempo longo como parceiro para compreender os homens inseridos num contexto mundial e em sua própria história.

## (2.5)
## Espaço e tempo em Hobsbawm e Arrighi

Eric Hobsbawm é, talvez, um dos melhores exemplos de historiador que trabalhou com a longa duração e também com a história total. Por ter vivido durante quase todo o século XX, até a primeira década do século XXI, esse historiador acompanhou a constituição das principais correntes contemporâneas da historiografia, tendo sido amigo pessoal da maioria dos grandes historiadores ingleses, como Christopher Hill, Rodney Hilton e Edward Palmer Thompson.

> **Curiosidade**
>
> Eric Hobsbawm nasceu em Alexandria, em 1917 e faleceu em Londres, em 2012. Sua vida, inserida no contexto da história do século XX, foi narrada em uma autobiografia:
>
> HOBSBAWM, E. **Tempos interessantes:** uma vida no século XX. São Paulo: Companhia das Letras, 2002.

Ele conheceu outros historiadores da Escola dos *Annales*, sobretudo na França, onde era amigo de Fernand Braudel, Frédéric Mauro, Jacques Le Goff, Emmanuel Le Roy Ladurie e Pierre Chaunu. Também teve convivência com historiadores de outros países europeus, americanos e diversos países do então chamado *Terceiro Mundo*. Foi professor de História na Universidade de Londres e na New School for Social Research, em Nova York, e em diversas outras universidades, conforme ele cita em sua autobiografia (Hobsbawm, 2002).

Aproximando-se do que ficou conhecido como *história total*, Hobsbawm procurou inserir os fatos históricos em seu devido tempo, relacionando-os com os mais diversos temas que compõem a vida cotidiana. Tratou de economia, mas também de tradições, de música e de artes, de revoluções e de trabalhadores, das ideologias capitalista e socialista. Esses temas emergem de sua vasta produção bibliográfica[3], que se destaca, principalmente, pelo estudo dos séculos XVIII ao XX.

---

3   Como mencionamos anteriormente, *você pode encontrar uma narrativa de todos os livros na autobiografia de Hobsbawm. Entretanto, para dar uma ideia da diversidade de temas e assuntos, cabe citar:* Rebeldes primitivos *(1959);* Trabalhadores *(1964);* Indústria e império *(1968);* Os bandidos e o capitão Swing *(1969);* História do marxismo – 10 volumes *(entre 1978 e 1982);* a invenção das tradições *(1983);* Os trabalhadores e o mundo do trabalho *(1984);* Nações e nacionalismos desde 1780 *(1990);* Ecos da Marselhesa *(1990), além da tetralogia das eras, da qual trataremos em seguida.*

*Armando Dalla Costa*

Hobsbawm tornou-se um dos maiores historiadores do século XX na linha da história total. Ao estudar o mundo contemporâneo, no entanto, ele o fez em função do uso da longa duração. Sua tetralogia das eras (*A era das revoluções, A era do capital, A era dos impérios* e *A era dos extremos*) é formada por alguns dos livros mais lidos para introduzir o estudo da história do mundo contemporâneo.

O primeiro da coleção, *A era das revoluções: Europa 1789-1848*, lançado em 1962, trata do que o autor chamou de *revoluções duplas*. Hobsbawm analisa tanto a Revolução Francesa de 1789 como sua contemporânea, a Revolução Industrial Inglesa, também ocorrida na segunda metade do século XVIII. Ambas tiveram impactos sociais, políticos, econômicos, culturais e comerciais presentes até os dias atuais. É o primeiro de uma série de livros do autor que mapeiam a ascensão do capitalismo, tendo se tornado, então, a obra definidora dos estudos sobre esse período.

O segundo livro dessa série, *A era do capital (1848-1875)*, foi publicado em 1974. O texto trata de um tempo relativamente curto, mas, se considerarmos a discussão feita sobre o tempo na história,

> *podemos ver que não é "apenas" um livro sobre "o tempo presente" ou o "tempo curto" na história, além do mais, sua dimensão geográfica é extensa. Escrever sobre o mundo de 1789 a 1848 em termos de Europa não é irreal. Porém, já que o tema mais importante do período após 1848 é a expansão da economia capitalista a todo o planeta, a consequência inevitável é a impossibilidade de escrever uma história puramente europeia, e seria absurdo escrever esta história sem dar uma atenção especial aos outros continentes.* (LivrAndante, 2018)

O livro está dividido em três partes. As revoluções de 1848 formam um prelúdio a uma seção sobre os principais acontecimentos da época. Os capítulos estão organizados por temas, e não cronologicamente.

Contudo, os principais subperíodos – a década de 1850, calma, mas expansionista, os anos mais turbulentos de 1860, a ascensão e o colapso do início de 1870 – são claramente discerníveis. Já a terceira parte consiste em uma série de cortes diacrônicos sobre economia, sociedade e cultura dessa época do século XIX. No geral, o autor analisa as contradições do período, com o avanço da ciência, da razão, da economia, do capitalismo industrial e das operações militares.

O terceiro livro, *A era dos impérios (1875-1914)*, foi publicado em 1987. Hobsbawm problematiza o período entre 1875 e 1914, marcado, segundo ele, pela predominância de grandes potências imperiais ou colonialistas. É traçada uma análise dos anos que definiram o mundo no século XX, quando um longo período de paz, expansão capitalista e dominação europeia desembocou em guerra e crise. Construindo uma interpretação inovadora, Hobsbawn integra a cultura, a política e a vida social das décadas que antecederam à Primeira Guerra Mundial.

Por fim, *Era dos extremos: o breve século XX – 1914-1991*, lançado em 1994, trata do século passado, mais precisamente, do início da Primeira Guerra Mundial, em 1914, até a queda da União Soviética, em 1991. O século XX foi um período de grandes mudanças. Para Hobsbawm, o século foi breve e extremado: sua história e suas possibilidades edificaram-se sobre catástrofes, incertezas e crises, decompondo o que foi construído no longo século XIX. Aqui, porém, o desafio não é tanto falar das perplexidades de hoje, mas mergulhar nos acontecimentos, ações e decisões que, desde 1914, constituíram o mundo dos anos 1990, quando passado e futuro pareciam estar separados do presente.

Hobsbawm (1995) divide a história do século XX em três eras. A primeira é caracterizada por catástrofes: Primeira Guerra Mundial, Crise de 1929 e Segunda Guerra Mundial. Nesse período, também foi desencadeada a Revolução Russa, que deu origem ao sistema político--econômico socialista.

A segunda é a era dos anos dourados, entre as décadas de 1950 e 1960. Esse período ficou marcado pela Guerra Fria. A disputa entre norte-americanos e soviéticos significou a estabilização do capitalismo e, concomitantemente, a expansão do socialismo. Foi uma fase de profundas transformações sociais, econômicas e culturais e de muitas inovações técnicas e científicas.

Por fim, a última era foi a da crise do modelo capitalista, iniciada com os choques do petróleo na década de 1970. Ao mesmo tempo, aprofundou-se a crise no modelo socialista, que culminou com a queda do muro de Berlim, em 1989.

Os conceitos de *espaço, tempo, longa duração* e *história total* também são estudados pelo economista italiano Giovanni Arrighi. Em seu texto *O longo século XX: dinheiro, poder e as origens de nosso tempo* (1996), publicado dois anos antes da obra de Hobsbawm, o autor analisa a crise da economia capitalista iniciada na década de 1970. Para isso, a exemplo de Braudel, Hobsbawm e outros historiadores, Arrighi volta 700 anos no tempo, analisando as tendências de eclosão e adensamento das crises no sistema econômico. Mostra, também, que se observam uma ascensão e queda das grandes potências[4], uma substituindo a outra como hegemonia econômica, política e militar internacional.

Para Arrighi (1996), só é possível compreender a essência e a dimensão das crises quando se levam em consideração as tendências

---

4   Esse é o título de um livro muito bom de um historiador americano que igualmente analisa a história em seu sentido amplo, mas estuda também o espaço, o tempo e a longa duração. Trata-se de: KENNEDY, P. **Ascensão e queda das grandes potências:** transformação econômica e conflito militar de 1500 a 2000. Tradução de Waltensir Dutra. Rio de Janeiro: Campus, 1989.

do capitalismo desde sua origem. Utilizando essa perspectiva, o autor afirma que o sistema capitalista surgiu no século XV, quando o capital e o Estado se fundiram pela primeira vez. Esse sistema passou, então, por quatro ciclos sistêmicos de acumulação de capital, cada qual com características próprias. Nesses ciclos, percebe-se a sucessão da hegemonia apontada pelo autor. Durante os séculos do capitalismo, a liderança transitou entre Gênova, Países Baixos (Holanda), Inglaterra e, atualmente, Estados Unidos.

Para cada um desses ciclos, que o autor chama de *longos séculos*, pois cada um deles durou pouco mais de 100 anos, houve uma fase de expansão da produção e do comércio, seguida de um processo de financeirização. Essa segunda fase, quase sempre, substituiu a produção e circulação de mercadorias em importância, tornando-se mais significativa para a acumulação do capital.

Quando isso acontece, observa-se um caos sistêmico, marcado por crises internas nos Estados e intensas lutas entre eles. A partir desse fenômeno, um Estado tem a tendência de acumular poder econômico, político e militar, passando a se apresentar como solução para o caos.

É a partir daí que surge o conceito de *hegemonia*, no sentido gramsciano do termo. Esse novo Estado hegemônico cria outras regras e impõe-se no lugar do Estado anterior, passando a ser o principal condutor da economia e da política internacional.

### Curiosidade

O termo *gramsciano* vem do filósofo italiano Antonio Gramsci (1891-1937). Preso pela ditadura fascista, utilizou seu tempo encarcerado para escrever. Gramsci é famoso principalmente pela elaboração do conceito de *hegemonia / bloco hegemônico* e também

> pelo estudo dos aspectos culturais da sociedade, a chamada *superestrutura*, como elemento a partir do qual se poderia realizar uma ação política e como uma das formas de criar e reproduzir a hegemonia.
> Para conhecer um pouco mais de suas ideias, sugerimos a leitura de:
>
> GRAMSCI, A. **Cadernos do cárcere**. Rio de Janeiro: Civilização Brasileira, 1999.

Arrighi (1996) destaca que o problema da crise já se verificava no final do século XX. Para ele, estaria vinculado à ideia de que os norte-americanos viveram, desde os anos 1970, um processo de financeirização. Esse fenômeno indica, na visão do autor, uma crise no regime de acumulação liderado por esse país desde o final do século XIX.

## Síntese

Neste capítulo, aprofundamos as discussões sobre alguns temas-chaves da historiografia, como os conceitos de *espaço, tempo, longa duração* e *história total*. Vimos que essas concepções ganharam lugar privilegiado na academia e nas pesquisas a partir do final do século XIX e início do XX, fortalecendo-se com o surgimento da Escola dos *Annales* e sua revista. Essa forma de compreender a história teve início na França e em outros países europeus. Depois da Segunda Guerra Mundial, foi utilizada em praticamente todas as partes do mundo ocidental.

Discutimos como esses conceitos foram aplicados à história e quais historiadores contribuíram para o adensamento dessa análise. Além da escola histórica mais famosa, que foi a dos *Annales*, outros historiadores também se dedicaram a essas temáticas, entre os quais destacamos o inglês Eric Hobsbawm e o italiano Giovanni Arrighi.

# Indicações culturais

Para saber mais sobre os conceitos de *espaço, tempo, longa duração* e *história total*, você pode consultar:

BLOCH, M. **Apologia da história ou o ofício do historiador**. Rio de Janeiro: Zahar, 2001.

BRAUDEL, F. História e ciências sociais: a longa duração. **Revista de História**, ano 16, v. 30, n. 62, p. 261-294, abr./jun. 1965. Disponível em: <http://www.revistas.usp.br/revhistoria/article/view/123422/119736>. Acesso em: 24 ago. 2019.

BRAUDEL, F. História e ciências sociais: a longa duração. In: _____. **Escritos sobre a história**. Tradução de J. Guinsburg e Tereza Cristina Silveira da Mota. 2. ed. São Paulo: Perspectiva, 1992. Publicação original: BRAUDEL, F. Histoire et sciences sociales: la longue durée. **Annales E.S.C.**, n. 4, p. 725-753, oct./déc. 1958.

CARDOSOS, C. F.; VAINFAS, R. (Org.). **Domínios da história**: ensaios de teoria e metodologia. 5. ed. Rio de Janeiro: Campus, 1997.

HOBSBAWM, E. **Era dos extremos**: o breve século XX – 1914-1991. Tradução de Marcos Santarrita. São Paulo: Companhia das Letras, 1995.

HULA, W. **Teoria econômica do sistema feudal**. Porto Alegre: Século XXI, 1962.

MEMÓRIA VOTORANTIM. **Linha do tempo**. Disponível em: <http://www.memoriavotorantim.com/linha-do-tempo/>. Acesso em: 02 out. 2019.

PIRENNE, H. **As cidades na Idade Média**. Lisboa: Europa, 1962.

SANTOS, A. S. S. **O tempo na história**. Disponível em: <https://pt.slideshare.net/A1973/o-tempo-na-histria-histria-tempo-e-espao>. Acesso em: 02 out. 2019.

## Atividades de autoavaliação

1. A respeito das concepções de espaço e tempo na história econômica, assinale V para as sentenças verdadeiras e F para as falsas.

   ( ) As noções de espaço e tempo na história econômica sempre existiram, pois fazem parte da maneira como se constrói a história.

   ( ) Braudel e a Escola dos *Annales*, sobretudo na primeira metade do século XX, deram a principal contribuição para entender as noções renovadas de espaço e tempo na história.

   ( ) Espaço é o lugar onde se desenvolve a história da humanidade. Um dos exemplos de como o espaço influenciou o desenvolvimento de alguns povos pode ser encontrado no livro *O Mediterrâneo*, de Fernand Braudel.

   ( ) A longa duração constituiu-se como conceito utilizado pelos historiadores para analisar as tendências dos fenômenos econômicos e sociais ao longo da história.

   Agora, assinale a alternativa que apresenta a sequência correta:

   a) F, V, F, V.
   b) F, F, V, F.
   c) F, V, V, F.
   d) F, F, V, V.
   e) F, V, V, V.

2. Considerando a discussão sobre historiografia presente em *O Mediterrâneo*, de Fernand Braudel, analise as afirmativas a seguir:

02) Uma das noções que mais preocuparam Fernand Braudel em *O Mediterrâneo* foi a de espaço, a partir do qual se desenvolveu a civilização daquele tempo.

04) O livro *O Mediterrâneo* privilegiou a noção de espaço, não considerando a ideia de tempo.

08) Como Braudel se preocupou em *O Mediterrâneo* em compreender o espaço geográfico, a ideia de longa duração não aparece no texto.

16) O livro *O Mediterrâneo* marcou a historiografia, tornando-se um modelo de como é possível entender espaço, tempo e longa duração.

Agora, assinale a alternativa que corresponde à soma das afirmativas corretas:

a) 02
b) 06
c) 18
d) 26

3. Analise as afirmações a seguir.
   I) *Civilização material, economia e capitalismo* é um dos três grandes livros de Fernand Braudel. Nele, contudo, o autor não leva em consideração a longa duração na história.
   II) *Civilização material, economia e capitalismo*, de Braudel, tornou-se um livro clássico para entender as noções de espaço e tempo na historiografia.

III) Braudel, em seu texto *Civilização material, economia e capitalismo*, ajuda-nos a compreender as noções de longa duração, assim como de história total.

São verdadeiras as afirmações:

a) I e II.
b) I e III.
c) Somente I.
d) Todas são verdadeiras.

4. Pensando nos principais conceitos de espaço, tempo, longa duração e história total, assinale V para as alternativas verdadeiras e F para as falsas.

( ) Para Braudel, a diferença entre vida material e vida econômica se materializa em milhares de pontos, tais como feiras, bancas e lojas.

( ) No segundo volume de *Civilização material, economia e capitalismo*, Braudel trata do conjunto dos jogos da trocas, desde o escambo elementar até, e inclusive, o mais sofisticado capitalismo.

( ) Com relação ao método do livro *Civilização material, economia e capitalismo*, Braudel utilizou a observação do real, repetida "até cansar os olhos", apelando para a contribuição das diversas ciências sociais.

( ) Braudel, em *Civilização material, economia e capitalismo*, desenvolveu um trabalho metodologicamente inspirado nas diversas ciências sociais, adotando a perspectiva do tempo longo para analisar os homens e sua história.

Agora, assinale a alternativa que apresenta a sequência correta:

a) V, V, V, F.
b) V, V, V, V.
c) F, V, F, F.
d) F, V, V, F.

5. Sobre a obra de Hobsbawm e Arrighi, analise as alternativas a seguir.

01) Hobsbawm foi um dos historiadores mais famosos do século XX. Entretanto, como falava apenas inglês, só deu aulas na Inglaterra.

02) A grande obra de Hobsbawm é um dos bons exemplos de como a historiografia trata as noções de tempo, espaço, longa duração e história total, por envolver diferentes tempos históricos e vários temas.

04) O livro *A era dos extremos*, de Hobsbawm, tornou-se um dos clássicos para entender o século XX sob o ponto de vista da história da longa duração.

08) Outro autor importante para entender a questão da longa duração na história é Giovanni Arrighi. Seu livro *O longo século XX* é um dos melhores exemplos desse tipo de análise.

Agora, assinale a alternativa que corresponde à soma das afirmativas corretas:

a) 03
b) 05
c) 07
d) 12
e) 15

# Atividades de aprendizagem

## Questões para reflexão

1. Entreviste seu avô, avó, algum vizinho ou parente que tenha mais de 60 anos. Pergunte a essa pessoa como transcorreu a vida de sua família. Depois, pergunte quais mudanças percebe na cidade em que viveu. Questione como era o Brasil durante a infância dele(a) e como está hoje. Peça para ele(a) relembrar como se comunicava com os parentes antes de 1980 e como se comunica hoje.

2. Tente imaginar como era a vida antes da internet e como é hoje. Faça uma pesquisa com pessoas que nasceram antes de 1990 e verifique como utilizavam a internet e os meios de comunicação. Depois disso, faça o mesmo exercício com cinco pessoas que nasceram antes de 1950. Tente descobrir as dificuldades que elas encontram para lidar com o computador e o celular. Como resolvem suas dificuldades?

## Atividades aplicadas: prática

1. Acesse o *site*: <http://www.memoriavotorantim.com/linha-do-tempo/> e veja como os autores que organizaram a história da empresa utilizaram os termos *tempo, espaço, longa duração* e *história total*. Apresente sua análise em um texto de três a cinco páginas.

2. Escolha um dos autores de sua preferência: Arrighi, Hobsbawm, Braudel, Le Goff, Gramsci, Thompson ou outro. Leia uma de suas obras e depois faça uma síntese de cinco a dez páginas em que você explicite como aparecem, no livro, as noções de espaço, tempo, longa duração e história total.

CAPÍTULO 3
Métodos e exemplos de análise
do desempenho das economias
e das organizações em diferentes contextos
sociais, políticos e culturais

> À Idade Média associou-se o rótulo de Idade das Trevas, um
> rótulo aplicado por seus adversários históricos na época do
> Renascimento, os quais contrastavam a cultura medieval com a
> da antiguidade clássica da Grécia e de Roma.
> Essa noção, de certo modo, foi transposta para a forma de
> organização econômica: a economia feudal seria caracterizada
> pela estagnação, pelo reduzido dinamismo tecnológico, por uma
> produtividade muito baixa e estável.
> (Saes; Saes, 2013, p. 51)

A história econômica e das organizações tem um desafio adicional: encontrar métodos e exemplos de análise do desempenho das economias e das organizações em diferentes contextos sociais, políticos e culturais. Diversos autores já se propuseram a realizar essa tarefa. Alguns, felizmente, a executaram com bons resultados. Ao longo deste capítulo, vamos apresentar e avaliar a estratégia que adotaram.

Optamos por trabalhar com um texto de Saes e Saes (2013), porém você poderá optar por diversos outros para iniciar seu caminho pelo estudo da história econômica e organizacional brasileira e internacional[1].

---

1 *Autores que mostraram a forma como a história econômica e organizacional atingiu seus objetivos em nível internacional:* BRAUDEL, F. **Civilização material, economia e capitalismo:** *séculos XV-XVIII. São Paulo: M. Fontes, 1995;* ARRIGHI, G. *O longo século XX: dinheiro, poder e as origens de nosso tempo. São Paulo: Ed. Unesp, 1996;* HOBSBAWM, E. *Era dos extremos 1914-1991: o breve século XX. São Paulo: Companhia das Letras, 1995;* LANDES, D. *Dinastias: esplendores e infortúnios das grandes famílias. Rio de Janeiro: Campus, 2007.*
*Autores que fizeram o mesmo exercício em relação ao Brasil:* FURTADO, C. **Formação econômica do Brasil.** *34. ed. São Paulo: Companhia das Letras, 2007;*
PRADO JÚNIOR, C. **História econômica do Brasil.** *São Paulo: Brasiliense, 2006;* SCHWARCZ, L; STARLING, H. **Brasil:** *uma biografia. São Paulo: Companhia das Letras, 2015;* PEREIRA, L. C. B. **Desenvolvimento e crise no Brasil:** *história, economia e política de Getúlio Vargas a Lula. São Paulo: Editora 34, 2003.*

Neste capítulo, exemplificaremos esses fenômenos, no espaço e no tempo, para diferentes sociedades. Destacaremos a passagem do feudalismo para o capitalismo como uma das maiores transformações dos últimos séculos. Em seguida, trataremos da Revolução Industrial Inglesa, outro evento definidor de nossa época.

Ao abordarmos o final do século XIX, apontaremos os efeitos da Grande Depressão e como a humanidade caminhou em direção a um de seus piores períodos: a Primeira Guerra Mundial. Findo o conflito, a primeira metade do século XX ainda conviveu com dois outros grandes problemas. O primeiro foi a Crise de 1929, com a quebra da Bolsa de Valores de Nova York e a consequente depressão econômica, que se estendeu ao longo da década seguinte. Quando o mundo se recuperava dessa crise, eclodiu a Segunda Guerra Mundial.

O período seguinte viu florescer a era de ouro do capitalismo (1946-1976), quando houve um aumento constante da riqueza global e, como consequência, um aumento populacional e a melhora das condições de vida em praticamente em todos os países. Como é recorrente no capitalismo, após um período de expansão e crescimento, crises eclodem; no caso analisado, a partir do final do século XX. Também analisaremos a crise do modelo socialista de produção, cujo ponto alto foi a queda do muro de Berlim, que desarticulou o sistema das repúblicas socialistas soviéticas.

## (3.1)
## A TRANSIÇÃO DO FEUDALISMO PARA O CAPITALISMO

Como mencionamos ao discutirmos o tempo e o espaço na história econômica e das organizações, o homem se empenhou, todo o tempo e em diferentes espaços, em garantir os bens necessários para a sobrevivência. Atualmente, o modo de produção e distribuição da riqueza consiste no capitalismo. Por ser o sistema predominante na maioria dos países, os historiadores econômicos se ocuparam, majoritariamente, em entendê-lo e explicá-lo. Pelo mesmo motivo, outros autores se dedicaram a criticá-lo. Karl Marx e Friedrich Engels inauguraram uma tradição de pensamento que segue em desenvolvimento até hoje, capitaneada por filósofos, economistas e historiadores classificados como marxistas.

> **Fique atento!**
>
> É necessário distinguir o capitalismo criticado pelos autores no final do século XIX do atual capitalismo, da segunda década do século XXI.

De maneira geral, os historiadores do capitalismo começam por discutir o feudalismo, para então estabelecer a passagem dele para o modelo seguinte. É o que fazem Saes e Saes (2013), que iniciam sua exposição definindo o espaço geográfico a ser analisado. Trata-se de caracterizar um feudalismo particular, desenvolvido na Europa Ocidental. Foi nele que começaram a se constituir as formas típicas de organização capitalista.

> **Para refletir**
>
> Saes e Saes (2013, p. 39) reconhecem que "desde o surgimento do ser humano sobre a terra, os homens fazem esforços para satisfazer suas necessidades materiais". Então, por que começar pelo feudalismo, desconsiderando-se os períodos anteriores a ele? Os autores argumentam que uma pesquisa sobre um tempo

> excessivamente longo prejudicaria a profundidade e tornaria a exposição esquemática e superficial. Portanto, a decisão deles foi tratar apenas dos cerca de 1.000 anos de feudalismo e capitalismo e, paralelamente, os cerca de 80 anos do século XX em que parte da humanidade experimentou o socialismo.

Para os autores, a recuperação histórica da transição do feudalismo para o capitalismo permite identificar algumas características do capitalismo que o diferenciam do modelo anterior. Também possibilita entender a maneira como ocorreu a transição de um modelo para o outro, que os historiadores da longa duração chamariam de *tendência*.

Na longa história da humanidade, as sociedades se organizaram de diversas maneiras. Na maior parte do tempo, os homens viveram como nômades, ocupando-se das atividades de caça, pesca e coleta. Depois da invenção da agricultura e da pecuária, fixaram-se em alguns lugares, dando origem às primeiras cidades e às primeiras civilizações. A agricultura incipiente fez surgir o sistema escravista. Enquanto os cativos se ocupavam da produção, seus senhores se dedicavam a outras tarefas da gestão do Estado, como a política, a religião, a arte e a guerra[2].

Para entendermos a ideia de tempo na história, basta pensarmos que a vida de um trabalhador no tempo do mundo antigo da Grécia e de Roma, escravo ou livre, não era igual à do trabalhador do feudalismo medieval na França. Sequer a escravidão é imune ao tempo. Um escravo grego vencido de guerra e um africano trazido para Minas Gerais no século XVIII viveram sob condições bastante distintas.

---

2 *Essa explicação é, sobretudo, uma contribuição dos pensadores marxistas. Na literatura econômica, há outras formas de esclarecer o fenômeno.*

Iniciemos nossa jornada, então. Primeiramente, é preciso entender como se define o feudalismo. Saes e Saes (2013, p. 43) apresentam o feudalismo como "uma concessão feita gratuitamente por um senhor ao seu vassalo para que este último pudesse dispor de sustento legítimo e ficasse em condições de fornecer ao seu senhor o serviço exigido".

Como você pode observar, essa definição pode ser aplicada apenas a determinadas regiões europeias, em períodos específicos de tempo. A mesma noção não serve para explicar, por exemplo, como se dava a concessão de terras no Brasil colonial ou nos países da África (que, naquela época, nem eram os mesmos países atuais). Portanto, esse exemplo é uma das formas que podemos usar para entender melhor a ideia de espaço e tempo na história da humanidade.

Devemos ressaltar também que feudalismo e Idade Média, muitas vezes, são erroneamente apresentados como sinônimos. A Idade Média ganhou essa denominação por representar um tempo intermediário entre o mundo antigo (sobretudo Grécia e Roma) e a época moderna. Para Saes e Saes (2013), no entanto, há uma diferença entre os dois termos. Enquanto *medieval* se limita a identificar uma época na história, *feudal* aponta na direção de fenômenos políticos, econômicos, sociais, jurídicos e culturais.

O início do feudalismo, de modo geral, é situado após a queda de Roma, em 476 d.C. Porém, devemos observar que se tratou de um processo lento, resultado de inúmeras invasões de povos germânicos que precederam à queda. O feudalismo ainda demoraria séculos para se constituir, com ritmo e características próprias em cada região da Europa.

Quando estudarmos esse período, também nos deparamos com os termos *Alta Idade Média* e *Baixa Idade Média*. Mas o que determina essa divisão? A Alta Idade Média é o primeiro período, que compreende desde a queda de Roma até a constituição do feudalismo, por volta do ano 1000. É, portanto, um tempo longo. Em termos puramente cronológicos, podemos compará-lo aos 500 anos que separam a chegada dos portugueses do Brasil contemporâneo. Pense nas mudanças pelas quais passou o Brasil nestes cinco séculos e você poderá, mais ou menos, entender quantas mudanças e quantas formas de organização marcaram o feudalismo nesse período da Alta Idade Média. Neste caso, seria necessário levar em consideração que houve mudanças tecnológicas importantes que diferenciam os dois períodos, o que não invalida totalmente o exemplo.

A Baixa Idade Média, compreendendo os próximos 500 anos até o século XVI, formam outra longa história, caracterizada por transformações que desembocariam no capitalismo. Eis, portanto, nosso escopo para investigar a passagem do feudalismo para o capitalismo: um tempo longo, de cerca de 1.000 anos, no espaço da atual Europa Ocidental.

## (3.2)
## A Revolução Industrial Inglesa e a expansão do capitalismo (1760 a 1870)

A Revolução Industrial ocorrida na Inglaterra é tema central para a história econômica e organizacional. A própria discussão do conceito de *revolução* tornou-se tema recorrente para explicar as consequências sociais, políticas e econômicas desse acontecimento.

### Curiosidade

É comum haver confusão no uso dos nomes *Inglaterra*, *Grã-Bretanha* e *Reino Unido*. Grã-Bretanha se refere ao conjunto de Inglaterra, País de Gales e Escócia. Inglaterra e País de Gales estavam unidos desde

> 1301. A união com a Escócia, para formar a Grã-Bretanha, ocorreu em 1707. Em 1801, por meio da Lei de União, foi constituído o Reino Unido da Grã-Bretanha e da Irlanda. Em 1922, a Irlanda do Sul obteve sua independência, constituindo a República da Irlanda. Assim, o Reino Unido passou a incluir apenas a Grã-Bretanha e a Irlanda do Norte (Saes; Saes, 2013, p. 143). Acompanhando o transcorrer da história, percebemos que essa é uma questão ainda aberta, vide as implicações que o chamado *Brexit*[3] tem para a Irlanda, A Inglaterra e os demais países da União Europeia.

Boa parte dos autores apresenta esse período como uma revolução, como revela a opinião de Cipolla (1995 p. 7):

> *Entre 1780 e 1850, em menos de três gerações, uma ampla revolução, sem precedente na história da humanidade, mudou a face da Inglaterra. Daí em diante o mundo não foi mais o mesmo. Os historiadores frequentemente usaram e abusaram da palavra Revolução para significar uma mudança radical, mas nenhuma revolução foi tão dramaticamente revolucionária quanto a Revolução Industrial – exceto, talvez, a Revolução Neolítica. Ambas mudaram o curso da história, quer dizer, cada uma provocou uma descontinuidade no processo histórico. A Revolução Neolítica transformou a humanidade de uma coleção dispersa de bandos selvagens de caçadores [...] em uma coleção de sociedades agrícolas mais ou menos interdependentes.*

---

3  O termo Brexit *foi formado pela junção das palavras em inglês* british *e* exit *e significa algo como "saída britânica". O termo é usado em referência ao processo de saída do Reino Unido da União Europeia (UE). A pauta teve origem em grupos de direita da Inglaterra, inicialmente minoritários, e ganhou força ao longo dos anos 2010. A discussão sobre o Brexit avançou em 2016, depois de a proposta ser aprovada em referendo com 52% de votos favoráveis dos britânicos. O processo de ruptura se estendeu até o início de 2020, quando então o Reino Unido deixou de fazer parte da União Europeia após 47 anos como Estado-membro.*

*A Revolução Industrial transformou o homem de um agricultor em um manipulador de máquinas movidas por energia inanimada.*

Estudiosos da Revolução Industrial concordam que ela significou uma mudança profunda nos modos de produzir e distribuir os bens. A segunda metade do século XVIII viu uma rápida transformação nas indústrias, com a introdução de máquinas a vapor ou hidráulicas, que substituíram a força do homem ou do animal, predominante até então. As mudanças técnicas foram introduzidas em um período curto, contribuindo para dar sentido ao termo *Revolução Industrial*.

As mudanças ocorridas no período compreendido aproximadamente entre 1760 e 1870 aconteceram nos âmbitos econômico, social e político. Junto às inovações no setor industrial, houve também mudanças substanciais na agricultura. Os ingleses iniciaram o período caracterizado pela realização dos cercamentos, que modificaram as relações de posse e uso da terra. Além disso, a nova organização do trabalho, com máquinas agrícolas e industriais, permitiu um aumento da produtividade que levou, por sua vez, a um aumento populacional. Outra mudança na agricultura foi o êxodo rural. Boa parte dos camponeses ficou sem terra, enquanto as fábricas nas cidades exigiam uma grande quantidade de mão de obra.

Os transportes também passaram por profundas mudanças, com a melhoria das estradas de rodagem para as carroças, a construção de canais para ampliar a navegação fluvial e, mais tarde, o surgimento das ferrovias e da navegação a vapor, que substituiu os barcos a remo e à vela.

Com o aumento da população e sua transferência para as cidades, houve o crescimento dos mercados interno e externo, impulsionado, em parte, pelas inovações anteriormente mencionadas e pelo nascente sistema financeiro. Saes e Saes (2013, p. 142) afirmam que "em poucas décadas toda a sociedade britânica teria sofrido profunda mudança, induzida pela transformação fundamental das técnicas produtivas na esfera industrial".

Apesar de haver consenso entre os historiadores econômicos sobre o conceito e a importância da Revolução Industrial Inglesa, também há controvérsias[4]. Outros pesquisadores afirmam que o termo *revolução* não seria apropriado, uma vez que as transformações não ocorreram de um dia para o outro, mas se estenderam ao longo de um século.

Contudo, podemos entender que a Revolução Industrial, como noção histórica, não se limitou às inovações técnicas na esfera produtiva, mas abarcou o conjunto de mudanças que ocorreram na sociedade inglesa entre a segunda metade do século XVIII e a primeira do século XIX.

> **Importante!**
>
> A influência da Revolução Industrial no restante da Europa e em todo o mundo nos ajuda a compreender melhor o conceito de *história total*, que é a busca por inserir um fenômeno em de seu espaço e tempo, analisá-lo na longa duração e envolver os vários aspectos sociais, políticos, econômicos e culturais que ocorreram para determinado acontecimento.

---

4 Para um balanço sobre a literatura que trata do tema, consulte:
MOKYR, J. Editor's Introduction: The New Economic History and the Industrial Revolution. In: MOKYR, J. (Ed.). **The British Industrial Revolution**: an Economic Perspective. Boulder, CO: Westview Press, 1993. p. 1-131.

(3.3)
## As transformações do capitalismo da Grande Depressão no século XIX à Primeira Guerra Mundial (1870 a 1918)

Uma vez efetivada a Revolução Industrial, houve um crescimento vigoroso na economia inglesa e internacional, que durou da década de 1760 até a década de 1870. A partir de então, teve início a Grande Depressão, uma nova fase de estagnação.

Entretanto, existem controvérsias a respeito dessa estagnação, uma vez que alguns países, como a França e a Alemanha, ampliaram seu crescimento no período. Para um melhor entendimento do que se passou, Saes e Saes (2013, p. 212) dividem o período de 1870 a 1913 em duas fases. Na primeira, entre 1873 e 1896, chamada pelos contemporâneos de *Grande Depressão*, houve uma ruptura com o período anterior de expansão. No entanto, essa expansão retornaria e seria mantida até o início da Primeira Guerra Mundial, ficando mundialmente conhecido como *Belle Époque*.

Saes e Saes (2013) destacam que, a rigor, nem o primeiro período foi de depressão permanente, nem o segundo esteve a salvo de problemas e crises. Essas observações são pertinentes para entendermos ainda melhor a ideia de longa duração, que, por sua vez, auxilia no entendimento das tendências ao longo da história. Percebemos que, em uma análise sob essa perspectiva, crises pontuais podem ser entendidas como momentos específicos, que nem sempre afetam tendências de longo prazo.

Trata-se, digamos, de um período especial para o desenvolvimento capitalista, pois muitos fatores se configuraram ao longo da *Belle Époque*. O capitalismo chegou àquilo que ficou conhecido como

*Segunda Revolução Industrial*, que trouxe novas formas do homem se organizar para produzir seus bens necessários à sobrevivência. Podemos destacar as seguintes transformações:

- a industrialização em diversos países europeus, nos Estados Unidos e no Japão, seguindo o exemplo inglês;
- a concentração de capital, com forte atuação das grandes corporações financeiras (Landes, 2007);
- os movimentos sociais, com ampla participação dos operários industriais;
- o fortalecimento das nações, que motivou o nacionalismo, responsável, em certa medida, pelas duas grandes guerras;
- o imperialismo, quando nações europeias dominaram vastas regiões da Ásia e da África.

Essas são as grandes mudanças que ocorreram no longo período entre 1870 e a Primeira Guerra Mundial. Os economistas também denominam essa fase de *primeira era da globalização*.

## (3.4)
## O ENTREGUERRAS (1918 A 1939) E A SEGUNDA GUERRA MUNDIAL (1939 A 1945): A "ERA DA CATÁSTROFE"

Hobsbawm (1995) afirma que a primeira metade do século XX significou o maior teste para o capitalismo, que enfrentou a Primeira Guerra Mundial e a implantação do socialismo, com a Revolução Russa de 1917. Em seguida, eclodiu a Crise de 1929, que faz a depressão econômica se prolongar pela década seguinte. Quando esta findava, irrompe a Segunda Guerra Mundial. Tal sucessão de episódios é chamada por Hobsbawm de *era da catástrofe*.

Se seus avós (ou bisavós) nasceram por volta de 1890 e viveram cerca de 60 anos, ou seja, até 1950, na Europa, foram testemunhas ou participantes efetivos de uma das épocas mais conturbadas da história mundial.

> **Para refletir**
>
> Perceba como é difícil explicar e escrever história. Pense nos conceitos que discutimos até aqui: tempo, espaço, longa duração e história total. Procure imaginar o que ocorreu com as socieda des europeias e demais nações envolvidas nos acontecimentos discutido até agora. Tente, então, imaginar como você contaria a história desse período.

Saes e Saes (2013, p. 317) retratam a história pessoal do europeu que nasceu no final do século XIX. Se pertencia à classe média ou alta, deve ter desfrutado dos avanços da *Belle Époque*. Com cerca de 20 anos, entretanto, provavelmente foi convocado para lutar na Primeira Guerra Mundial.

Se o personagem teve sorte e voltou da guerra vivo e sem mutilações, enfrentou a carestia, o desemprego, a depressão financeira e psicológica. Se viveu esse período na Alemanha, na Áustria ou na Hungria, conheceu uma hiperinflação maior que a brasileira dos anos 1980. Quando, próximo ao final dos anos 1920, pensava que havia começado a superar esses problemas, eclodiu a grande crise causada pela quebra da Bolsa de Nova York, que avançou pelos anos 1930.

As décadas de 1920 e 1930, aliás, chegaram acompanhadas de uma novidade política. Na Itália, surgiu o fascismo, liderado por Benito Mussolini. Tratava-se de uma ditadura em que os cidadãos tinham poucas escolhas, a não ser seguir o modelo implantado ou resistir, correndo o risco de serem presos ou mortos. Outra nação que viveu experiência semelhante foi a Alemanha, com a ascensão do nazismo, liderado por Adolf Hitler. Nesta última, se seu bisavô fosse operário, poderia ser perseguido. No entanto, se fosse judeu, a situação seria ainda pior. Após a consolidação do regime, suas chances de sobreviver se tornariam mínimas.

Enquanto a Itália e a Alemanha implantaram regimes totalitários e repressivos, que viriam a ser um dos estopins da Segunda Guerra, a Rússia aprofundou a revolução, instaurando o socialismo real. Entre avanços econômicos e profundas crises, o regime soviético também era bastante repressivo, perseguindo duramente quem pensasse diferente do governo. Observe que esses três países foram também os que mais se envolveram na Segunda Guerra Mundial.

Se o personagem mencionado anteriormente sobreviveu a mais uma guerra e viveu até a década de 1950, presenciou outras transformações, como o declínio da Grã-Bretanha como principal potência mundial, substituída pelos Estados Unidos. Também viu a adesão de vários países do Leste Europeu a regimes comunistas, formando o que ficou conhecido como *cortina de ferro*. Fruto dos acordos ao final da Segunda Guerra, esse fato separou a Europa capitalista da socialista. O período também testemunhou a vitória de Mao Tsé-Tung na China, que implantou o regime comunista no país mais populoso do mundo. Se o personagem tinha tendências de esquerda, comemorou a Revolução Chinesa; se era de direita, pensou que o mundo avançava em direção a uma catástrofe.

Em função dos graves acontecimentos dessa fase da história, é difícil apresentar um panorama de conjunto da economia mundial. Seria necessário analisar, por exemplo, o forte crescimento econômico da Alemanha na década de 1930, quando se preparava para a guerra, mas também as mazelas e os problemas enfrentados pela população daquele país em função dos gastos com a guerra e das perdas de vidas. O país foi dividido ao final da guerra e reunificou-se apenas no final do século XX.

Podemos perceber, assim, a dificuldade em comparar os acontecimentos na Alemanha e nos Estados Unidos, que não teve batalhas em seu território e se beneficiou economicamente com as exportações e empréstimos aos europeus durante e depois do conflito. Uma história total que trate dos diversos países ao longo desse período pode ser ser realizada, porém os desafios são muitos.

## (3.5)
## A ERA DE OURO DO CAPITALISMO
## E A EXPANSÃO DAS ECONOMIAS SOCIALISTAS
## (1946 A 1976)

Não é tarefa simples verificar como métodos e exemplos de análise do desempenho das economias e organizações acontecem em diferentes contextos sociais e políticos. Isso também vale para o entendimento do período que vai do final da Segunda Guerra até a crise da década de 1970. Sabemos, de antemão, que a característica principal, do ponto de vista econômico, foi um forte crescimento nas várias regiões do mundo, tanto nas desenvolvidas como nas subdesenvolvidas – inclusive nas nações socialistas.

Ainda no período da Segunda Guerra, havia uma percepção diferente quanto à forma como se organizava e avançava a economia. É preciso diferenciar os países onde não ocorreram batalhas, como os Estados Unidos e o Brasil, e os que viveram a guerra em seu território, como Alemanha, França, Inglaterra, Itália e Rússia. Além de sofrerem com as enormes perdas de vidas, estes também tiveram suas economias destruídas. Fábricas, ferrovias, rodovias, aeroportos e demais instalações eram bombardeados para enfraquecer os países beligerantes, o que minava as possibilidades de desenvolvimento econômico.

O fim da guerra trouxe novas preocupações. Nos Estados Unidos, temia-se a volta do desemprego e da crise, como nos anos 1930, em virtude da queda brusca na demanda por produtos bélicos. Na Europa e na Rússia, havia incerteza quanto à reconstituição das economias. Não se tratava simplesmente de recuperar fábricas e demais bens necessários à produção e circulação das mercadorias. Havia uma grande quantidade de pessoas sofrendo com a morte de parentes e familiares, mas também passando fome e vivendo em condições muito precárias.

> **Fique atento!**
>
> Estudar a história econômica do período, considerando-se aquele tempo, espaço e situação concreta, significa verificar como as pessoas encontraram saídas para continuar atendendo a suas demandas de sobrevivência.

Os anos que vieram depois da Segunda Guerra, até a década de 1970, foram os de maior progresso e desenvolvimento, tanto nos países ricos (desenvolvidos) como nos subdesenvolvidos e nas nações socialistas. Superadas as primeiras dificuldades do pós-guerra, começou a fase conhecida como a *era de ouro* do capitalismo (e também do socialismo).

Nosso país é um exemplo desse período de crescimento. Se analisarmos a economia e a sociedade brasileiras desde o fim da Segunda Guerra até o início dos anos 1980, veremos que o país se transformou profundamente. O setor industrial foi fortalecido, sobretudo com o Plano de Metas de Juscelino Kubitschek (1956-1961) e a política chamada de *industrialização pela substituição de importações*. Foram construídas grandes obras, como a Ponte Rio-Niterói, a Usina de Itaipu e as principais rodovias federais, utilizadas ainda hoje. O ensino superior se expandiu e se fortaleceu, sobretudo com a contribuição das universidades públicas federais, que, além de formarem muitos profissionais, implantaram um sistema de pós-graduação. Por fim, as cidades cresceram, em parte, por causa do êxodo rural, e houve um aumento na expectativa de vida.

Sob a perspectiva geopolítica, esse período ficou conhecido como *Guerra Fria*, com dois polos de poder. De um lado, os Estados Unidos lideravam o bloco capitalista; de outro, a Rússia orientava os países socialistas. Cada potência buscava consolidar sua posição pelo poder militar (principalmente, expandindo o arsenal nuclear), de forma a desmotivar uma guerra total, o que, invariavelmente, significaria o fim da humanidade. Para além das armas cada vez mais letais, a corrida espacial[5] contribuiu para os avanços científicos e tecnológicos aplicadas nos setores produtivo, financeiro e comercial.

O mundo organizou instituições que buscaram um equilíbrio de poder, de modo a evitar que uma escalada de tensões resultasse em uma nova guerra. Para dar conta de controlar o poder no bloco capitalista, criou-se a Organização das Nações Unidas (ONU), que substituiu a Liga das Nações, criada após a Primeira Guerra. Seu caráter é, sobretudo, político, agregando várias nações, sob a liderança dos Estados Unidos.

Também foram propostas diversas instituições para regular as finanças e o comércio mundial. Destacam-se o Fundo Monetário

---

5   *O homem conquistou o espaço em 1961 e chegou à Lua em 1969.*

Internacional (FMI), para organizar o sistema financeiro internacional, e o Banco Internacional para Reconstrução e Desenvolvimento (Bird), mais conhecido como *Banco Mundial*. Sua finalidade inicial era financiar a reconstrução europeia. Mais tarde, voltou-se às demandas econômicas dos países mais atrasados. Devemos, ainda, citar o Acordo Geral de Tarifas e Comércio Aduaneiro (GATT), para regulamentar o comércio mundial, dispositivo que foi substituído pela Organização Mundial do Comércio (OMC) na década de 1990.

A ONU também congrega instituições complementares de caráter econômico e social, tais como: Organização Educacional, Científica e Cultural (Unesco); Organização para a Alimentação e a Agricultura (FAO); Organização Internacional do Trabalho (OIT); Comissão Econômica para a América Latina e o Caribe (Cepal). Essas instituições, em seu bojo e objetivos, sugerem que os Estados devem constituir determinados órgãos que venham a solucionar problemas que a economia de mercado não é capaz de resolver.

Após a Segunda Guerra, houve ainda um movimento de descolonização, fazendo ruir o que ainda restava dos velhos impérios. A maioria das colônias europeias na África e na Ásia tornou-se independente, pois se consolidou a percepção de que a persistente miséria dessas regiões era ocasionada pelo modelo colonial. Cabe destacar que os processos de independência não se estabeleceram sem tumulto. Muitas vezes, os povos colonizados precisaram fazer verdadeiras guerras por sua independência, fator que contribuiu ainda mais para sua pobreza e miséria.

Essas observações dizem respeito, no entanto, à metade capitalista do mundo. O bloco socialista se desenvolvia, sobretudo, a partir da Rússia e da China, com o incremento das nações europeias que se tornaram socialistas ao final da Segunda Guerra. Para atingir o objetivo de transformar todas as nações em socialistas, aquele bloco empenhou-se em apoiar movimentos socialistas em diversas partes do mundo.

A partir dos anos 1950, várias nações aderiram ao bloco socialista: Cuba, na América Latina; Laos, Camboja e Vietnã, na Ásia; Moçambique, Angola e Congo, na África, para citar alguns exemplos. A organização político-econômica foi definida, sobretudo, mediante o Pacto de Varsóvia ou Tratado de Varsóvia, uma aliança militar formada pelos países socialistas do Leste Europeu e União Soviética.

Para Hobsbawm (1995), a polarização e a disputa entre os países capitalistas e socialistas, a Guerra Fria, são um dos dados mais significativos para compreender o século XX, sobretudo sua segunda metade. Por haver um sistema concorrente, cada um dos lados se preocupava com melhorias constantes, sob a ameaça de perder atratividade para o sistema oposto.

Como você pode ter percebido, analisar esse período da história sob os critérios de tempo, espaço e longa duração é um dos desafios do historiador econômico e das organizações. Nesse período, sistemas políticos diferentes foram adotados em um mesmo continente. Por isso, o funcionamento das organizações tornou-se mais complexo. As firmas passaram a atuar globalmente, expandindo-se de tal maneira que seu faturamento superou a economia de muitos pequenos países. No entanto, a forma de organização e funcionamento das companhias se caracterizava conforme o país, se capitalista ou socialista. Recontar essa história é um desafio para os historiadores econômicos e das organizações.

## (3.6)
## O CAPITALISMO NO FINAL DO SÉCULO XX E A CRISE DO SOCIALISMO (1973 A 2000)

Em sua última parte, o livro de Saes e Saes (2013) analisa o capitalismo do final do século XX e a crise pela qual passou o bloco socialista. A partir do primeiro choque do petróleo, em 1973, o capitalismo passou por diversas crises. Entretanto, elas se manifestaram de formas distintas, e seus impactos foram sentidos de diferentes maneiras nos países capitalistas, socialistas ou subdesenvolvidos (*emergentes*, na terminologia mais atual).

Hobsbawm (1995) afirma que as duas décadas após a crise do petróleo constituem as décadas de crise. Tais crises, como mencionamos, ocorreram geralmente no bloco capitalista, mas também se estabeleceram no socialista. Nesse caso, estavam relacionadas à disputa entre Rússia e China pela hegemonia do socialismo internacional e às dificuldades encontradas nas várias nações atrasadas do socialismo nos continentes asiático, africano e americano.

Os anos posteriores a 1973 foram de crise econômica, em nítida oposição à era de ouro do capitalismo (1945-1973). As crises, no entanto, não se restringiram apenas ao crescimento econômico, atingindo também as próprias instituições. O papel da ONU ficou bastante reduzido após a queda do muro de Berlim. Sem a contraposição do bloco soviético, os Estados Unidos passaram a tomar decisões de maneira muito mais independente. O mesmo pode ser dito do GATT, que, aliás, trocou de nome, transformando-se na Organização Mundial do Comércio (OMC).

Por sua vez, o bloco socialista sofreu sua maior crise com a reunificação alemã e a independência das diversas nações antes alinhadas ao Pacto de Varsóvia. Desde então, o mundo deixou de ter como contraponto outra proposta de organização social, política e econômica. A ordem mundial passou a ser a capitalista, com as raras exceções que apenas confirmam a regra. Porém, essa mudança não significou, sobretudo para os países pobres saídos do bloco socialista, uma melhora rápida e automática das condições de vida de suas populações. Sua nova organização para satisfazer as próprias necessidades materiais ficou até mais difícil, pois essas nações perderam a orientação política e o auxílio financeiro enviado de Moscou ou Pequim.

O caso chinês, em particular, tem despertado a atenção de historiadores econômicos e organizacionais. Nas últimas décadas, a China se desenvolveu acima da média mundial, tornando-se a segunda maior economia do mundo e retirando 400 milhões de habitantes da miséria. O país é o maior comprador de produtos brasileiros e nosso maior cliente.

A China ainda tem uma das maiores populações rurais – e pobres – do mundo. Contudo, graças aos avanços no campo científico e tecnológico, à implantação de uma infraestrutura moderna, à competição e à competitividade de um grande grupo de suas empresas, o país tem se tornado cada vez mais um objeto de estudo e pesquisa por parte de economistas, historiadores e cientistas sociais.

> **Fique atento!**
>
> Analisar e entender os recentes desafios econômicos, políticos, sociais e ambientais do mundo tornou-se uma tarefa mais difícil. À medida que nos aproximamos do tempo presente, a compreensão da realidade vai ficando mais complexa, em razão do volume e da velocidade das transformações com que nos defrontamos.

Se, no tempo do feudalismo, um arado de bois servia para três ou quatro gerações, atualmente, qualquer máquina (computador, celular) torna-se obsoleta em poucos anos, às vezes meses. A quantidade de informações geradas e divulgadas abarrota até mesmo os computadores mais potentes. Portanto, fazer história econômica e organizacional em nosso tempo e em nosso lugar passa a ser um desafio cada dia maior.

Projetando o futuro da humanidade, Hobsbawm (1995, p. 546), no final de sua obra, dizia que "os dois problemas centrais, e a longo prazo decisivos, eram o demográfico e o ecológico". Com relação ao demográfico, houve um crescimento populacional constante desde a Revolução Industrial Inglesa. O mundo chegou a 1930 com 2 bilhões de pessoas, alcançando 6 bilhões na virada do milênio e 7 bilhões em 2011. Fazer previsões é difícil, mas há os que afirmam que o mundo chegará, em algum momento deste século, a estabilizar sua população. O número, porém, é difícil de precisar.

Outro problema em relação à população mundial são as condições em que são produzidas as mercadorias necessárias à sobrevivência de cada indivíduo. Estima-se que, em 2010, havia cerca de 925 milhões de pessoas que passavam fome, quase 14% da população mundial (Sachs, 2011, p. 11). Esse dado mostra que o mais elementar problema econômico – garantir a sobrevivência da população – está longe de ser resolvido.

Nas últimas décadas do século XX, surgiu outro problema que se tornou preocupação geral: a questão ambiental. Como em qualquer assunto, de acordo com Saes e Saes (2013), há polêmicas em relação ao meio ambiente e à questão ecológica.

*De um lado, há os "otimistas" os que entendem que os mecanismos de mercado, por meio dos preços, induzirão as mudanças necessárias para enfrentar os problemas ambientais. [...] Já os ecologistas entendem que ações de preservação são fundamentais, no mínimo tendo em vista o princípio da precaução: mesmo que a degradação não seja tão grave como alguns preveem, não se pode colocar em risco as condições de vida das gerações futuras [...]*. (Saes; Saes, 2013, p. 641)

Em decorrência dos alarmantes dados de degradação do meio ambiente, os problemas ecológicos estão sendo expostos e discutidos com intensidade crescente. Os padrões de produção e de consumo das economias avançadas fazem uso intensivo de recursos naturais, provocando grande degradação ambiental. A generalização de um padrão de consumo de país desenvolvido para toda a população mundial seria algo que o planeta Terra simplesmente não conseguiria suportar.

Em janeiro de 2019, por exemplo, o rompimento de uma barragem em Brumadinho, em Minas Gerais, de responsabilidade da Vale S.A., despejou 12 milhões de metros cúbicos de rejeitos de minério de ferro. A lama da barragem poluiu mais de 300 quilômetros de rios e, mais grave, provocou a morte de 250 pessoas e o desaparecimento de outras 20. Na ocasião, em nota, o Greenpeace Brasil (2019) declarou:

*Este novo desastre com barragem de rejeitos de minérios, desta vez em Brumadinho, é uma triste consequência da lição não aprendida pelo Estado brasileiro e pelas mineradoras com a tragédia da barragem de Fundão, da Samarco, em Mariana (MG), também controlada pela Vale. Minérios são um recurso finito que devem ser explorados de forma estratégica e com regime de licenciamento e fiscalização rígidos. A reciclagem e reaproveitamento devem ser priorizados.*

*Infelizmente, grupos econômicos com forte lobby entre os parlamentares insistem em querer afrouxar as regras do licenciamento ambiental, o que, temos alertado, significaria criar uma "fábrica de Marianas". Casos como esse, portanto, não são acidentes, mas crimes ambientais que devem ser investigados, punidos e reparados.*

Refletindo sobre essa nota, convidamos você a pensar a história econômica e organizacional – já que a Vale é uma organização – a partir dos conceitos de espaço, tempo e longa duração como um desafio para o presente e o futuro da humanidade.

## Síntese

Neste capítulo, exemplificamos os métodos de análise do desempenho das economias e das organizações nos diferentes contextos sociais, políticos e culturais. Para tanto, trabalhamos com a ideia de longa duração na história, tratando praticamente de mil anos de constituição do feudalismo e de sua transição para o capitalismo. Em seguida, analisamos a Revolução Industrial Inglesa, uma das responsáveis pela instituição e consolidação do capitalismo tal como o conhecemos atualmente. Vimos que, no final do século XIX, ocorreu a Grande Depressão, seguida da Primeira Guerra Mundial, que interrompeu um longo ciclo de desenvolvimento, também conhecido como *primeira era da globalização*. Na sequência, examinamos o entre guerras e a Crise de 1929 com algumas considerações sobre o período da era de ouro do capitalismo, que ocorreu logo após a Segunda Guerra Mundial. Por fim, tratamos das crises que se seguiram à década de 1970 e dos choques do capitalismo. Concluímos com algumas considerações sobre futuros desafios da humanidade, como a expansão populacional e a questão ambiental.

# Indicações culturais

Para saber mais sobre os conceitos de *espaço, tempo, longa duração* e *história total*, você pode consultar:

A TRANSIÇÃO do feudalismo para o capitalismo. **Só História**. Disponível em: <https://www.sohistoria.com.br/ef2/feudalismocapitalismo/>. Acesso em: 1º out. 2019.

ARRIGHI, G. **O longo século XX**: dinheiro, poder e as origens de nosso tempo. Tradução de Vera Ribeiro. São Paulo: Ed. da Unesp, 1996.

BRAUDEL, F. **O Mediterrâneo e o mundo mediterrâneo na época de Felipe II**. 2. ed. Lisboa: Dom Quixote, 1995.

CARDOSO, L. R. **Segunda Guerra Mundial**. Disponível em: <https://www.infoescola.com/historia/segunda-guerra-mundial/>. Acesso em: 01 ago. 2019.

GOMES, C. **Revolução Industrial**. Disponível em: <https://www.infoescola.com/historia/revolucao-industrial/>. Acesso em: 1º ago. 2019.

HOBSBAWM, E. **Era dos extremos**: o breve século XX – 1914-1991. Tradução de Marcos Santarrita. São Paulo: Companhia das Letras, 1995.

LANDES, D. **Dinastias**: esplendores e infortúnios das grandes famílias. Rio de Janeiro: Campus, 2007.

PAULA, C. **Tudo o que você precisa saber sobre Terceira Revolução Industrial**. 1º fev. 2017. Disponível em: <https://descomplica.com.br/blog/historia/tudo-o-que-voce-precisa-saber-sobre-terceira-revolucao-industrial/>. Acesso em: 1º out. 2019.

PERASSO, V. O que é a 4ª Revolução Industrial e como ela deve afetar nossas vidas. **BBC Brasil**, 22 out. 2016. Disponível em: <https://www.bbc.com/portuguese/geral-37658309>. Acesso em: 1 out. 2019.

SAES, F. A. M. de; SAES, A. M. **História econômica geral**. São Paulo: Saraiva, 2013.

SOUSA, R. Segunda Revolução Industrial. **Brasil Escola**. Disponível em: <https://brasilescola.uol.com.br/historiag/segunda-revolucao-industrial.htm>. Acesso em: 1º out. 2019.

## Atividades de autoavaliação

1. Pensando na transição do feudalismo para o capitalismo, assinale V para as sentenças verdadeiras e F para as falsas.

    ( ) O feudalismo funcionou do mesmo modo, em toda a Europa, no período que vai do fim do Império Romano (476 d.C.) até por volta de 1500.

    ( ) A transição do feudalismo para o capitalismo foi um fenômeno lento, com pequenas mudanças, que se estendeu por cerca de dez séculos.

    ( ) O capitalismo, tal como funciona hoje, teve várias de suas instituições criadas e desenvolvidas no tempo do feudalismo.

    ( ) No feudalismo, as classes mais destacadas eram os senhores e os servos. Já no capitalismo, surgiram a burguesia e o proletariado como as classes sociais mais importantes.

    Agora, marque a alternativa que apresenta a sequência correta:

    a) F, V, F, V.
    b) F, F, V, F.

c) F, V, V, F.
d) F, F, V, V.
e) F, V, V, V.

2. Sobre a Revolução Industrial Inglesa, considere as seguintes afirmações a seguir:

    02) A Revolução Industrial Inglesa aconteceu lentamente, sobretudo ao longo da segunda metade do século XVIII.

    04) A Primeira Revolução Industrial, também conhecida como **Revolução Industrial Inglesa**, modificou profundamente o modo como a riqueza era produzida e distribuída no mundo.

    08) A Revolução Industrial Inglesa começou pelo setor têxtil, avançando até atingir todos os setores da economia.

    16) A Revolução Industrial Inglesa foi tão importante e transformou o mundo de tal forma que, depois dela, não foram mais necessárias inovações.

    Agora, assinale a alternativa que corresponde à soma das afirmações verdadeiras:

    a) 02
    b) 06
    c) 14
    d) 26

3. Sobre o período que compreende a Primeira Guerra Mundial, a Crise de 1929 e a Segunda Guerra Mundial, analise as afirmações a seguir.

    I) Na Primeira Guerra Mundial, a utilização de novas tecnologias, como tanques de guerra, carros e aviões, foi decisiva para os vencedores do conflito.

II) A Crise de 1929, com a queda da Bolsa de Valores de Nova York, gerou uma onda mundial de crises e desemprego. Só não afetou o Brasil porque o café era nossa principal cultura e nosso maior produto de exportação.

III) A Segunda Guerra Mundial prejudicou, especialmente, os países europeus que foram palco das maiores batalhas. Uma das consequências da guerra foi contribuir para que os Estados Unidos se tornassem o país mais importante do mundo em termos políticos e econômicos.

São corretas as afirmações:

a) II e III.
b) I e II.
c) Somente I.
d) Todas são verdadeiras.

4. Refletindo sobre a era de ouro do capitalismo, entre 1946 e 1976, assinale V para as alternativas verdadeiras e F para as falsas.

( ) Na era de ouro do capitalismo, tanto as economias do bloco capitalista quanto as do bloco socialista avançaram.

( ) A era de ouro do capitalismo também coincidiu, sob o aspecto político, com o tempo da chamada *Guerra fria*.

( ) O próprio Brasil se aproveitou da época de ouro do capitalismo, desenvolvendo seu parque industrial. No país, esse período ficou conhecido como *milagre econômico*.

( ) A era de ouro do capitalismo também significou o avanço do socialismo, que se expandiu para países da Ásia e da África (inclusive para a América Latina, em Cuba).

Agora, marque a alternativa que apresenta a sequência correta:

a) V, V, V, F.
b) V, V, V, V.
c) F, V, F, F.
d) F, V, V, F.

5. Considere as afirmações a seguir sobre os temas econômicos e políticos do final do século XX e início do século XXI.

   01) O fim do socialismo teve como marco a queda do muro de Berlim, que só ocorreu porque a China se aliou à Rússia para terminar com o socialismo.

   02) Nas nações ricas da Europa, o capitalismo da segunda metade do século XX comportou o surgimento do Estado de bem estar social.

   04) As crises do petróleo de 1973 e 1979 contribuíram significativamente para o fim da era de ouro do capitalismo.

   08) No início do século XXI, surgiram outros temas que desafiam o funcionamento do capitalismo, como o avanço populacional e a questão ambiental.

   Agora, assinale a alternativa que corresponde à soma das afirmações verdadeiras:

   a) 03
   b) 05
   c) 07
   d) 12
   e) 14

# Atividades de aprendizagem

Questões para reflexão

1. Na Idade Média, as mudanças aconteciam mais devagar. Para os trabalhadores do campo, um dos instrumentos de trabalho mais utilizados era o arado de bois ou de cavalos. Nesse caso, o avô passava o arado para o filho, que, por sua vez, passava para o neto, que continuava usando o instrumento com a mesma técnica ensinada pelos antecessores. Agora, novas gerações de tratores e colheitadeiras representam desafios para os trabalhadores do campo, que precisam capacitar-se permanentemente para poder operá-los. Pesquise os avanços que aconteceram nos últimos dez anos com as máquinas agrícolas, principalmente as utilizadas nas grandes culturas brasileiras, como soja, café, algodão e cana-de-açúcar.

2. A Revolução Industrial da Inglaterra mudou o mundo. No entanto, novas transformações continuaram acontecendo. Pesquise as diferenças entre a Primeira e a Segunda Revolução Industrial. Em seguida, verifique como passamos à Terceira Revolução Industrial. Por fim, veja como a internet das coisas (também conhecida como *Quarta Revolução Industrial* ou *Indústria 4.0*) influencia nossa vida atual.

Atividades aplicadas: prática

1. Escolha um dos seguintes textos:

BRAUDEL, F. **O Mediterrâneo e o mundo mediterrâneo na época de Felipe II**. 2. ed. Lisboa: Dom Quixote, 1995c.

HOBSBAWM, E. **Era dos extremos**: o breve século XX – 1914-1991. Tradução de Marcos Santarrita. São Paulo: Companhia das Letras, 1995.

LANDES, D. **Dinastias**: esplendores e infortúnios das grandes famílias. Rio de Janeiro: Campus, 2007.

SAES, F. A. M. de; SAES, A. M. **História econômica geral**. São Paulo: Saraiva, 2013.

Leia a obra escolhida com atenção. Em seguida, verifique como o autor analisa o desempenho da economia e das organizações ao longo do tempo.

2. Acesse um dos *sites* citados na seção "Indicações culturais" deste capítulo, leia o conteúdo e pesquise os autores e livros indicados. Em seguida, relacione o acontecimento que você escolheu com o tempo e o espaço em que aconteceu. Escreva uma síntese de três a cinco páginas.

Capítulo 4
História corporativa e
memória empresarial

> *Preservar a memória é fundamental para qualquer instituição, inclusive para uma marca. Para muitas pessoas, é um assunto de pouca relevância, mas manter vivas as origens da empresa, tanto para colaboradores e funcionários quanto para os consumidores, é muito importante. E sim, isso dá retorno.*
>
> *(Destino Negócio, 2019b).*

A história corporativa é um ramo específico da história econômica, mais precisamente da história de empresas. Ela ajuda a pesquisar e divulgar conhecimento sobre as empresas, tanto públicas quanto privadas, nacionais e multinacionais, pequenas, médias ou grandes, familiares ou não.

Neste capítulo, discutiremos a história corporativa, como se constitui e como está relacionada, de maneira muito próxima, à memória empresarial. Ela se desenvolveu primeiramente em países ricos, como Estados Unidos, países europeus e Japão, mas atualmente abrange pesquisadores e centros de estudo em diversas universidades, inclusive no Brasil e na América Latina.

Veremos que um dos temas prediletos da história corporativa é o entendimento da memória empresarial. Os estudos buscam explicar como essa memória se constitui ao longo da trajetória das firmas, objetivando a preservação dessa memória. Uma das formas de preservação mais empregadas nos últimos anos foi a criação de centros de memória empresarial, dos quais trataremos na continuidade deste livro.

Ainda neste capítulo, analisaremos a historiografia corporativa no Brasil. Apresentaremos trabalhos já realizados, os principais autores e suas publicações e as universidades dedicadas à área. Por fim, abordaremos um dos temas de maior importância recente na historiografia das corporações na América Latina: o processo de internacionalização das empresas, sobretudo as do Brasil, da Argentina e do México.

*Armando Dalla Costa*

## (4.1)
## História corporativa

Para Oliveira e Bortolin (2012, p. 172), "a guarda e o uso dos documentos de valor permanente visam à constituição da memória institucional". Portanto, tratar da história corporativa ou da história de uma firma (ou empresa, instituição, corporação, companhia) significa, entre outras atitudes, resgatar a documentação e conservá-la, de tal forma que ela contribua tanto para conhecer o histórico do local como para responder às questões essenciais de hoje e apontar rumos para o amanhã.

Como você deve lembrar, resgatamos, no primeiro capítulo, a história de como avançaram os estudos e a disciplina de história econômica e da história das empresas e das organizações. Entender o papel e a importância delas para o desenvolvimento econômico das nações é uma das tarefas de uma área da história econômica, aquela que se ocupa do estudo das organizações.

É importante ressaltar que os países mais desenvolvidos são também aqueles cujas organizações são mais sólidas. Um parque industrial acompanhado de grandes empresas de agronegócio, do sistema financeiro e da área de serviços garante prosperidade e riqueza para os países.

O fato é que estudar essas organizações torna possível conhecer como a história econômica e das organizações contribui para entender o desenvolvimento local, regional, nacional e internacional. Além disso, permite saber como tais organizações conseguem resolver os problemas do dia a dia, produzindo as mercadorias e prestando os serviços necessários para nossa sobrevivência.

> **Fique atento!**
>
> Por trás das histórias dos grandes negócios de sucesso há muitas lições que podem ser aprendidas. Estudar essas histórias significa, ao mesmo tempo, conhecer a biografia dos fundadores e dos dirigentes mais significativos e entender as principais decisões tomadas que garantiram a continuidade de tais organizações ao longo do tempo.

Nem sempre a história das empresas é um mar de tranquilidade. Normalmente, as firmas se constroem e crescem a partir de divergências, brigas, intrigas, disputas pelo poder, negócios "pouco republicanos" firmados por meio de relações entre empresários e governantes (que podem ser entendidos como corrupção[1]), e assim por diante.

Sobre essas disputas, utilizemos um exemplo real, com base na leitura de Bilton (2013, orelha), que escreveu a história da fundação do Twitter, rede social bastante usada.

> *Em 2005, a Odeo era uma startup de tecnologia fundada por Noah Glass e tocada por um grupo heterogêneo de hackers anarquistas. Menos de dois anos depois, seus dias estavam contados e metade da equipe já estava demitida. Em meio às cinzas da Odeo, aqueles que restaram passaram a trabalhar em um projeto paralelo que, em 2013, se transformou num negócio de US$ 11,5 bilhões. Essa parte é conhecida da história. Mas a narrativa completa sobre a eclosão do Twitter nunca foi contada. É uma*

---

[1] Para você, leitor, ter uma ideia mais precisa de tais relações, recomendamos a leitura de: CABRAL, M; OLIVEIRA, R. **O príncipe:** uma biografia não autorizada de Marcelo Odebrecht. São Paulo: Astral Cultural, 2017. Se quiser, no entanto, verificar como essas relações se estabeleceram num período mais antigo, do ponto de vista histórico, consulte, entre outros: CAMPOS, P. H. **Estranhas catedrais:** as empreiteiras brasileiras e a ditadura civil-militar, 1964-1988. Niterói: Eduff, 2013.

*aventura envolvendo dinheiro, amizades, traições e uma luta obsessiva pelo poder. Enquanto seus fundadores passavam de engenheiros de programação comuns a celebridades endinheiradas, estampando capas de revistas e jornais, aparecendo em programas de televisão e figurando na lista das cem pessoas mais influentes do mundo da revista Time, uma trama perversa se desenvolvia nos bastidores. Nick Bilton, colunista e repórter do New York Times, descreveu como isso aconteceu, o que nos ajuda a entender as tramas e as dificuldades na construção de uma organização.*

Há organizações que surgem, parafraseando Schumpeter (1984), para implementar "inovações destrutivas", cuja finalidade é apresentar uma nova maneira de fazer negócios, substituindo formas tradicionais. Há milhares de livros contando a história de organizações que contribuíram para o desenvolvimento de países, criando ou renovando a maneira como temos acesso a bens e serviços[2].

## (4.2)
## MEMÓRIA EMPRESARIAL, INSTITUCIONAL OU ORGANIZACIONAL

Nas organizações contemporâneas, o conhecimento tornou-se uma ferramenta primordial. Sua gestão e administração não é uma tarefa

---

2   Veja, por exemplo: FARIA, A. **Os melhores livros de biografias corporativas em 2018**. Blog. Disponível em: <http://blog.andrefaria.com/os-melhores-livros-de-biografias-corporativas-em-2018>. Acesso em: 27 jan. 2019. Esse site retrata, sobretudo, exemplos de casos de empresas do cenário mundial. Se você quiser acessar uma relação de obras a respeito do histórico das empresas nacionais, pode o texto: "Obras de referência sobre a industrialização no Brasil" em: DALLA COSTA, A. História de empresas no Brasil: entre os desafios teóricos e os estudos de caso. In: SAES, A. M.; RIBEIRO, M. A. R.; SAES, F. A. M. de (Org.). **Rumos da história econômica no Brasil: 25 anos da ABPHE**. São Paulo: Alameda, 2017. p. 544-546.

fácil, considerando que a maior parte desse conhecimento está na mente das pessoas que compõem as instituições. Para Lacombe et al. (2003, p. 491), o conhecimento é uma "mistura fluída de experiência estruturada, valores, informações contextuais e discernimento técnico que proporciona uma referência para avaliar e incorporar novas experiências e informações".

O conhecimento acumulado com o tempo de existência da instituição também pode ser chamado de *memória*. Você pode estar se perguntando o que vem a ser, afinal, a memória. Costa (1997, p. 145) a define da seguinte maneira:

> *a memória é um elemento primordial no funcionamento das instituições. É através dela que as instituições se reproduzem no seio da sociedade, retendo apenas as informações que interessam ao seu funcionamento. Há um processo seletivo que se desenvolve segundo regras instituídas e que variam de instituição para instituição. E as informações relevantes para a recuperação da memória institucional devem ser buscadas não apenas nos materiais e fontes internas, mas fora dos muros institucionais.*

A filósofa Marilena Chaui também se preocupou em definir o conceito:

> *a memória não é um simples lembrar ou recordar, mas revela uma das formas fundamentais de nossa existência, que é a relação com o tempo e, no tempo, com aquilo que está invisível, ausente e distante, isto é, o passado. A memória é a que confere sentido ao passado como diferente do presente e do futuro, mas podendo permitir esperá-lo e compreendê-lo.* (Chaui, 2005, p. 141)

A memória institucional, ressaltemos, não nasce do nada. Ela é constituída pela forma como pensam e agem os funcionários de cada firma. Cada indivíduo cria um elo com a instituição da qual faz parte e, com o tempo, vai constituindo a memória da companhia. A trajetória dentro de uma instituição é construída a cada dia, na lembrança de sucessos e fracassos, de conquistas e perdas, de metas propostas, cumpridas ou superadas. Tudo isso, aos poucos, vai compondo a memória institucional.

> **Importante!**
>
> A memória corporativa só se constrói no presente. O passado já foi e o futuro está por ser construído, de tal maneira que podemos concluir que a memória institucional é criada, produzida e gerada pelas ações cotidianas de todos os funcionários de uma empresa. Aos poucos, à medida que passam os dias, essa memória vai sendo consolidada em documentos, atas, relatórios, cadernos, revistas internas, entrevistas com trabalhadores que se aposentam, e assim por diante.

Uma das formas de preservação da memória criada é arquivar todos esses documentos. Como veremos no Capítulo 6 deste livro, tais arquivos costumam ser preservados em centros de memória empresarial. Se forem muito antigos, esses arquivos terão de ser recuperados. Além disso, há ainda outros desafios para os profissionais que trabalham com a preservação da memória organizacional: estabelecer a finalidade, o tipo de documento arquivado e sua função para a empresa e a sociedade. Nassar (2004, contracapa) nos ajuda a compreender essa situação ao afirmar que "o conjunto de acervos históricos deve ser preservado e colocado à disposição da sociedade". As empresas possuem verdadeiros tesouros sobre o desenvolvimento das pessoas, das cidades, dos negócios e da comunicação empresarial. E é isso que precisam compartilhar com a sociedade.

Surgiu, recentemente, outro questão importante para a guarda dos documentos. Trata-se da enorme quantidade de material produzido na internet pelas novas tecnologias da informação e da comunicação (NTICs). Você pode estar se perguntando como guardar, em forma de arquivo, as comunicações eletrônicas. Autores como Fonseca e Jardim (1995, p. 45) buscam responder da seguinte maneira:

> o objeto da Arquivística tem se deslocado da categoria arquivos para outras, como documentos arquivísticos e, mais recentemente, informação arquivística. A ampliação do domínio de estudos dessa área vem apresentando novos desafios teórico-metodológicos e a aproximação com outras áreas, particularmente com as NTICs.

Para Almeida (2009, p. 7), a temática da memória empresarial "faz parte de uma área arquivística que vem sendo valorizada em função de agregar valor aos produtos e serviços das empresas". A implantação de um centro de memória permite trazer valor à documentação. O material serve para a recuperação da história da firma, da comunidade em que está inserida e, muitas vezes, do país.

Tessitore (2003) explica a função dos centros de memória afirmando que eles extrapolam o universo das bibliotecas, embora possam também contar com livros. No entanto, os livros são, em geral, especialidade desses centros. O centro de memória aproxima-se do perfil dos arquivos, na medida em que recolhe originais ou reproduções de conjuntos arquivísticos.

Já para Cortez (1980), os centros de memória empresariais devem atuar como coordenadores de atividades de captação, absorção, catalogação, recuperação e divulgação das informações. Para tanto, devem dispor de uma estrutura que lhes permita:

- *Treinar, criar estímulos e conscientizar a empresa em relação ao objetivo primordial do centro de documentação;*
- *Reunir, selecionar, sistematizar, arquivar, organizar e difundir a documentação que interessa às várias áreas da empresa;*
- *Pesquisar, manter e divulgar a história das atividades específicas de sua área de atuação;*
- *Estimular a produção de documentos que registrem as experiências adquiridas através de artigos, comunicações internas, seminários, congressos, visitas, viagens;*
- *Distribuir e divulgar os estudos, levantamentos, propostas e resultados alcançados;*
- *Padronizar todo e qualquer material gerado na Empresa por meio de circulação interna e externa;*
- *Facilitar e incentivar o uso do Centro de Documentação;*
- *Manter contato com entidades e órgãos afins;*
- *Organizar exposições de materiais relevantes.* (Almeida, 2209, p. 14-15)

Podemos afirmar, parafraseando Nassar (2007, p. 120), que os centros de memória empresarial servem para preservar nossa memória, pois ela é nossa consciência, nossa razão, nossa ação e nosso sentimento. Sem ela, não somos nada.

Cabe observar também que "a preocupação com a história e a memória corporativa de uma marca traz vários benefícios. O principal é que, ao saber dos detalhes do surgimento, desafios enfrentados e erros cometidos até a consolidação da firma, o consumidor passa a enxergá-la com mais **credibilidade e confiança**" (Destino Negócio 2019b, grifo do original). Além disso, aumenta-se sua visibilidade, "já que fica mais fácil para estudantes, pesquisadores e jornalistas falarem sobre ela nos seus trabalhos. Uma empresa que mantém a memória corporativa vai facilitar o acesso a documentos, papéis, contratos e outros dados relevantes" (Destino Negócio, 2019b).

## (4.3)
## História corporativa e memória empresarial na historiografia brasileira

A história corporativa interessa tanto a empreendedores que desejam, por exemplo, publicar biografias a respeito de sua vida e feitos quanto a acadêmicos e pesquisadores que desejam compreender o desenvolvimento industrial em regiões, países e continentes.

Há uma grande variedade de trabalhos acadêmicos de fôlego sobre história organizacional. Podemos citar a pesquisa do brasilianista Werner Baer (1969), voltada às corporações brasileiras do aço. O autor mostra como se constituíram as empresas dos setores de ferro e aço e qual foi sua contribuição para o desenvolvimento econômico nacional[3].

Também vêm sendo publicadas diversas biografias de empreendedores ou de suas firmas, que se transformaram em um filão importante do mercado editorial. Há estudos encomendados, que geralmente servem para destacar o papel dos próprios líderes empresariais, e também biografias que reconstituem a vida dos personagens inserida no contexto socioeconômico, enfatizando suas contribuições para a companhia e a sociedade.

---

3 Se você tiver interesse no assunto, Marcovitch (2003) ajuda a entender o papel e a importância dos pioneiros e empreendedores no desenvolvimento das indústrias no Brasil.

No Brasil, há diversos estudos que analisam desde o período colonial até o Brasil atual.[4] Entre empreendedores de grande importância histórica, podemos destacar o Barão de Mauá, atuante na época do Império, e Conde Matarazzo, industrial da primeira metade do século XX.

Irineu Evangelista de Souza, que ganhou o título de visconde e depois de barão de Mauá (1813-1889), foi industrial, banqueiro, político e diplomata. Pode ser considerado, parafraseando Marcovitch (2007), pioneiro ou inovador em todas as áreas em que decidiu investir. Teve negócios em diversos ramos – fábricas de barcos, produção de caldeiras para máquinas a vapor, engenhos de açúcar, gruas, prensas, armas e tubos para canalização de águas. Foi pioneiro no setor de ferrovias e teve companhias de navegação na Amazônia. Também foi responsável, entre outras atividades, pela instalação dos primeiros cabos telegráficos ligando o Brasil à Europa. Fundou o Banco Mauá, com filiais em diversas capitais do país, além de tornar-se, prematuramente, uma multinacional brasileira, estabelecendo filiais em Londres, Nova York, Buenos Aires e Montevidéu. Por seu posicionamento contrário à escravidão e à Guerra do Paraguai, foi perseguido e suas atividades empresariais faliram. Precisou vender praticamente todos os bens para quitar dívidas, sobrevivendo com as fazendas e demais atividades econômicas que manteve no Uruguai[5].

---

4   Essa parte do texto segue, em boa medida, a seguinte publicação: DALLA COSTA, A. *História de empresas no Brasil: entre os desafios teóricos e os estudos de caso.* In: SAES, A. M.; RIBEIRO, M. A. R.; SAES, F. A. M. de (Org.). **Rumos da história econômica no Brasil:** 25 anos da ABPHE. São Paulo: Alameda, 2017. p. 521-558.

5   Esse é um exemplo interessante de história corporativa. Se você tiver interesse em conhecer Mauá em suas diferentes facetas e empreendimentos, recomendamos: SOUZA, R. T.; FOSSATTI, N. C. (Org.). **Mauá:** *paradoxos de um visionário. Obra comemorativa dos 200 anos de nascimento do Visconde de Mauá.* Porto Alegre: Letra & Vida, 2013. Entre os diversos escritos sobre Mauá, indicamos: CALDEIRA, J. **Mauá:** *empresário do Império.* São Paulo: Companhia das Letras, 1995.

Francesco Antonio Maria Matarazzo (1854-1937) criou o maior império industrial da América Latina de seu tempo. Chegou ao Brasil aos 27 anos e estabeleceu-se no interior do Estado de São Paulo. Mais tarde, seguiu para a capital, onde fundou a Matarazzo & Irmãos, substituída, em seguida, pela Companhia Matarazzo S.A. Em seu auge, chegou a ter 365 fábricas no Brasil. Para entender a importância de seus empreendimentos, basta lembrar que a renda bruta de seu conglomerado econômico era a quarta maior do país, e 6% da população de São Paulo estava empregada em suas fábricas ou dependia delas, que, em 1911, passaram a chamar-se Indústrias Reunidas Francisco Matarazzo[6].

Há, ainda, outras biografias interessantes para conhecermos aspectos da história organizacional brasileira. Podemos destacar alguns livros escritos por Fernando Morais. Além de fornecerem um amplo retrato dos empreendedores organizacionais, contribuem para um resgate da história do Brasil. Você pode consultar, por exemplo, *Chatô, o rei do Brasil*, no qual o autor descreve a trajetória de um dos maiores comunicadores do país na primeira metade do século XX. Já em *Montenegro*, Morais (2006) conta a história do general responsável pela implantação do Instituto Tecnológico da Aeronáutica,

---

6 *Como no caso de Mauá, diversos pesquisadores publicaram obras sobre Matarazzo e suas empresas. Para uma visão de Matarazzo, inserido em seu contexto histórico e no desenvolvimento das indústrias no Brasil, sugerimos:* COUTO, R. C. **Matarazzo:** *a travessia. São Paulo: Planeta do Brasil, 2004. v. I.;* COUTO, R. C. **Matarazzo:** *colosso brasileiro. v. II. São Paulo: Planeta do Brasil, 2004. No final, o autor resgata uma ampla bibliografia sobre o empresário, suas firmas e seu tempo.*

que deu origem à Embraer[7]. A empresa é a terceira maior fabricante mundial de aviões, sendo também reconhecida pela qualidade na preparação de técnicos e no desenvolvimento de pesquisas. Outra boa fonte é Wilson Suzigan (2000), que, além de resgatar as teorias que buscam explicar o início da industrialização no país, descreve a trajetória das principais empresas, por setores de atuação, na segunda metade do século XIX até por volta do final da Primeira República.

Há, ainda, historiadores preocupados em explicar o desenvolvimento da industrialização do Brasil a partir da contribuição de outros setores da economia, como a cafeicultura, por exemplo. Warren Dean (1971) e Silva (1995) descrevem como parte da renda do café foi destinada à produção industrial. Se você estiver interessado em verificar como os cafeicultores de Araras, em São Paulo, investiram parte de seus lucros em uma empresa, busque o texto de Gustavo Pereira da Silva e Armando Dalla Costa (2007), que mostra como foi fundada e se desenvolveu a Companhia Ararense de Leiteria, a única a fabricar leite condensado no Brasil entre 1908 e 1920, ano em que foi comprada pela Nestlé.

Alguns brasilianistas também contribuíram para a história organizacional no país. Entre eles, destaca-se Werner Baer, que escreveu *The Development of the Brazilian Steel Industry*, sobre o desenvolvimento tardio da siderurgia no país. Além disso, o autor analisa o impacto da indústria do ferro e do aço na economia brasileira, sua

---

7   Para um histórico da Embraer, consulte, entre outros: RODENGEN, J. L.. **The History of Embraer**. N.P.: Write Stuff, 2009; SILVA, O. **A decolagem de um sonho**: a história da criação da Embraer. Rio de Janeiro: Elsevier, 2009; FURTADO, O.. **História da Embraer**. São Paulo: Embraer, 2006; Ozires Silva. **Casimiro Montenegro Filho**: a trajetória de um visionário – vida e obra do criador do ITA. São Paulo: Bizz, 2006; DALLA COSTA, A.; PRATES, R. C. Embraer – Empresa Brasileira de Aeronáutica S.A. (Brazilian Aerospace Conglomerate): Brazilian Aircraft Flying around the World. **Journal of Evolutionary Studies in Business**, v. 3, n. 2, p. 23-56, July/Dec. 2018.

produtividade e a eficácia dos custos de produção. Também discute a eficiência do padrão de localização dessas firmas e projeta o padrão futuro da oferta e da demanda para o aço brasileiro no mercado mundial. O livro é fruto de uma base de dados primários consultados nas inúmeras estadias no Brasil entre 1965 e 1968.

Baer dedicou a vida a estudar a economia e as organizações industriais do Brasil. Em *A industrialização e o desenvolvimento econômico no Brasil*, afirma que "foi somente depois da Segunda Guerra Mundial que o Brasil empenhou-se em um surto de industrialização deliberado, geral e continuado, que alterou acentuadamente a estrutura de sua economia" (Baer, 1988, p. 9). O objetivo desse livro é examinar o processo de industrialização do Brasil, com destaque para o período que se inicia na década de 1940.

Utilizando fontes primárias como arquivos e centros de memória empresarial[8], alguns pesquisadores trataram de temas específicos da história organizacional. Alexandre Macchione Saes (2010) estuda as disputas entre uma empresa nacional, a Companhia Brasileira de Energia Elétrica, e a canadense Light. Ambas se envolveram em acirradas disputas pelo controle do fornecimento de energia elétrica para bondes, indústrias e residências, sobretudo nas cidades de Salvador, Rio de Janeiro e São Paulo, no final do século XIX e nas primeiras décadas do século XX.

A história organizacional também inclui estudos sobre as ferrovias, sua contribuição para o transporte de passageiros e cargas e, consequentemente, para o desenvolvimento econômico. Destacam-se os trabalhos clássicos de Flávio Azevedo Marques de Saes (1981, 1986), que abordam as ferrovias em São Paulo até meados do século XX.

---

8  *Felizmente, arquivos empresariais estão cada vez mais bem organizados. Alguns, aliás, estão disponíveis na internet.*

Guilherme Grandi (2013) dedica-se, especialmente, a compreender a contribuição da principal ferrovia paulista para o comércio em geral e, sobretudo, para o transporte do café. O autor destaca como funcionava o transporte antes das ferrovias[9] e mostra como as empresas multinacionais de automóveis e caminhões influenciaram a substituição do transporte ferroviário pelo rodoviário.

Outro brasilianista, Colin Lewis (1999), discute a história empresarial no Brasil por cerca de um século, de meados do século XIX a meados do século XX. Lewis (2002) expandiu sua pesquisa para compreender também os diversos países da América Latina.

A história corporativa do Brasil contempla ainda estudos coletivos, como os do Instituto de Planejamento Econômico e Social (Ipea) e do Instituto de Pesquisas e Educação em Saúde e Sustentabilidade (Inpes), que realizaram uma série de trabalhos sobre a industrialização. Destacamos a monografia coordenada por Wilson Suzigan (1978) intitulada *Indústria: política, instituições e desenvolvimento*, que retrata a situação da indústria nacional até a década de 1970. Discute também a formulação de políticas industriais, o padrão de crescimento das grandes empresas e a absorção da mão de obra.

A industrialização foi tema de grandes encontros nacionais, como o Fórum Nacional Ideias para a Modernização do Brasil. Uma das edições teve como tema a *nova estratégia industrial e tecnológica: o brasil*

---

9   Existe uma ampla literatura sobre as ferrovias no Brasil, com destaque para os seguintes trabalhos: GOULARTI FILHO, A.; QUEIROZ, P. R. C. (Org.). **Transportes e formação regional**: contribuições à história dos transportes no Brasil. Dourados: Ed. da UFGD, 2011; GOULARTI FILHO, A. **Portos, ferrovias e navegação em Santa Catarina**. Florianópolis: Ed. da UFSC, 2013; QUEIROZ, P. R. C. **Uma ferrovia entre dois mundos**: a E.F. Noroeste do Brasil na primeira metade do século XX. Bauru: Edusc; Campo Grande: Ed. da UFMS, 1999. No final desses livros você pode encontrar ampla bibliografia sobre o tema.

*e o mundo diante da III Revolução Industrial*. Em livro publicado com o mesmo título, destacaram-se pontos específicos do debate, tais como:

- ideias para uma estratégia industrial e tecnológica;
- o papel da pesquisa científica para o desenvolvimento industrial;
- novos padrões tecnológicos e competitividade industrial diante da microeletrônica e da biotecnologia.

Em meados dos anos 1990, seguindo o que aconteceu em nível internacional, realizou-se no Brasil um estudo a respeito da competitividade da indústria, coordenado por Luciano Coutinho e João Carlos Ferraz (1995). Esse trabalho identificou limites e possibilidades de práticas competitivas para as empresas, delineou estratégias e sugeriu ações e instrumentos para superar desafios. Envolveram-se nas discussões tanto atores empresariais como agentes públicos e acadêmicos de diferentes instituições.

Neste século XXI, a história corporativa brasileira foi registrada, sobretudo, nos estudos coordenados e realizados pelos membros da Associação Brasileira de Pesquisadores em História Econômica (ABPHE). Essa associação promoveu regularmente, a partir do início da década de 1990, seminários e conferências internacionais para discutir e divulgar a história de empresas.

O Congresso Latino-Americano de História Econômica contribuiu, em nível mais amplo, para aprofundar e divulgar os estudos de história corporativa. Percebemos, portanto, que a temática é atual, pertinente e destaca um dos elementos fundamentais para o desenvolvimento econômico dos países, que é a contribuição das empresas (públicas ou privadas, grandes, médias ou pequenas, cooperativas, entre outras) para a empregabilidade e a produção dos bens necessários para nossa sobrevivência.

*Armando Dalla Costa*

## (4.4)
## HISTÓRIA CORPORATIVA E AS ORGANIZAÇÕES MULTINACIONAIS

A história das organizações também contempla estudos sobre a internacionalização das firmas. Existem várias firmas multinacionais atuando no Brasil, em todos os ramos. Se você observar os produtos e serviços que usa no dia a dia, perceberá que são fornecidos por multinacionais.

Esse processo de as firmas saírem de seu país de origem em busca de ampliar os próprios mercados começou pelos países mais desenvolvidos, como os europeus, o Japão e os Estados Unidos. Países conhecidos como *emergentes* conseguiram que um grupo de suas empresas passasse a atuar em outros países apenas recentemente.

Levantamento do Boston Consulting Group mostrou que, até 2010, havia 115 multinacionais de origem latina[10] (Campos, 2009).

As chamadas *multilatinas* têm interessado pesquisadores individuais e grupos de pesquisa em universidades brasileiras e latino-americanas, como a Fundação Dom Cabral (FDC), ligada à Pontifícia Universidade Católica de Minas Gerais (PUC Minas), e o Instituto

---

10 Também *conhecidas como* multilatinas, *já foram pesquisadas por diversos autores, tais como:* ANDREFF, W. **Multinacionais globais.** *Bauru: Edusc, 2000; CASANOVA, L. Las multinacionales emergentes globales de Latinoamérica. In: MALAMUD, C. et al. (Ed.).* **Anuario Iberoamericano.** *Madrid: Pirámide, 2010. p. 35-47; CHUDNOVSKY, D.; LÓPES, A.* **Las multinacionales latinoamericanas:** *sus estratégias en un mundo globalizado. Buenos Aires: FCE, 1999; DALLA COSTA, A. .; GELINSKI JUNIOR, E.; WICHINEVSKY, M. Multinationals from Emerging Countries: Internationalization of Brazilian Companies between 1970 to 2013.* **Apuntes,** *v. 41, p. 9-46, 2014; DALLA COSTA, A. e col.* **Internacionalização de empresas brasileiras:** *teoria e experiências. Curitiba: Juruá, 2012; WHITE, E.; CAMPOS, J.; ONDARTS, G. Las empresas conjuntas latinoamericanas.* **Instituto para la Integración de América Latina,** *n. 1, p. 1-26, 1977.*

de Pós-Graduação e Pesquisa em Administração (Coppead), ligado à Universidade Federal do Rio de Janeiro (UFRJ).

Sediada em Belo Horizonte, a FDC existe desde 1976, como entidade sem fins lucrativos. De acordo com seu *site* (FDC, 2019),

*atua há mais de 40 anos desenvolvendo atividades com executivos, gestores públicos, empresários e organizações de diversos segmentos em vários países. A FDC é uma escola de negócios que oferece soluções educacionais, nacionais e internacionais, sustentadas por alianças estratégicas e acordos de cooperação com instituições na Europa, Estados Unidos, China, Índia, Rússia e América Latina. Para você, leitor, ter uma ideia mais precisa da extensão de seus trabalhos, a cada ano a FDC recebe, em seus programas de capacitação, cerca de 27 mil executivos. Os cursos são ministrados nos diferentes campis da instituição, espalhados em todo país, através da rede de associadas regionais, cujos endereços e contatos podem ser acessados pelo site da instituição.*

A entidade elabora a cada ano o *Ranking FDC das Multinacionais Brasileiras*, elaborado pelo Núcleo de Estratégia e Negócios Internacionais. Esta é a pesquisa mais completa a respeito das multinacionais brasileiras, na qual se informam os países e as regiões onde estão presentes, o desempenho e as perspectivas futuras das firmas, bem como as tendências de retração, estabilidade ou expansão das atividades internacionais.

Já o Coppead oferece cursos de pós-graduação *lato sensu* (especialização, extensão, *in company*) e *stricto sensu* de Administração de Empresas, nos níveis de mestrado e doutorado. Também dispõe de centros de pesquisa específicos, como: Centro de Estudos em Logística, Infraestrutura e Gestão (Celig); Cátedra L'Oréal de Comportamento do Consumidor; Núcleo de Empreendedorismo e Trabalho; Centro de Estudos em Finanças e Controle; e o Núcleo de Pesquisas em Internacionalização de Empresas.

O Coppead já formou mais de 7.000 gestores, 1.300 mestres e 60 doutores em seus programas. É a única escola de negócios associada a uma universidade pública brasileira que detém certificação internacional. Seu mestrado, público e gratuito, é o único da América Latina listado entre os 100 melhores do mundo pelo *ranking* do jornal inglês *Financial Times*.

As pesquisas sobre multinacionais brasileiras são divulgadas pelos seguintes canais:

- *Boletim Economia e Conjuntura;*
- *Latin American Business Review;*
- *Panorama Logístico;*
- Relatórios Coppead;
- dissertações e teses;
- livros.

O FDC e o Coppead são os dois principais centros responsáveis por fazer pesquisas, preparar executivos e promover parcerias com instituições estrangeiras para estudar as multinacionais brasileiras. Também são os dois centros que mais publicam materiais sobre nossas multinacionais. Para fazermos justiça, podemos acrescentar ainda o trabalho da Sociedade Brasileira de Estudos de Empresas Transnacionais, que, durante vários anos, publicou diversos livros sobre o tema.

Por fim, destacamos as ações do Ministério do Desenvolvimento, Indústria e Comércio Exterior (MDIC), que realiza uma série de estudos e os edita em diversas publicações. Você também pode acompanhar a situação das empresas brasileiras exportadoras com as publicações no *site*[11] da instituição, organizadas pelo tamanho das firmas e respectivos anos.

## Síntese

Neste capítulo, apresentamos a história corporativa como um dos ramos da história econômica e uma especificidade da história das empresas. Vimos que ela busca entender a função e o papel das corporações pequenas, médias ou grandes, firmas públicas ou privadas, nacionais ou multinacionais.

Abordamos a forma como as organizações constituem sua memória e, a partir disso, a contribuição das organizações para o desenvolvimento econômico das nações. Destacamos que no Brasil, a partir das últimas décadas, cresceu a preocupação com a preservação da memória das firmas. As grandes companhias, principalmente, passaram a formar centros de memória empresarial. Sua finalidade é a guarda e a consulta de informações, para que os executivos tomem as principais decisões. Apontamos que existe uma ampla bibliografia no Brasil a respeito da história das corporações e, por fim, que diversas empresas nacionais passaram a atuar no exterior.

---

11 BRASIL. Ministério da Economia, Indústria, Comércio Exterior e Serviços. **Empresas brasileiras exportadoras e importadoras**. *Disponível em: <http://www.mdic.gov.br/comercio-exterior/estatisticas-de-comercio-exterior/empresas-brasileiras-exportadoras-e-importadoras>. Acesso em: 4 out. 2019.*

# Indicações culturais

Para saber mais sobre multinacionais e o desenvolvimento organizacional brasileiro, você pode consultar os seguintes materiais:

DALLA COSTA, A. e col. **Internacionalização de empresas brasileiras**: teoria e experiências. Curitiba: Juruá, 2012.

DALLA COSTA, A. Multinacionais brasileiras: estratégias e trajetórias. **Anuario Centro de Estudios Económicos de la Empresa y el Desarollo**, v. 10, p. 85-134, 2018.

GABLER, N. **Walt Disney**: o triunfo da imaginação americana. Tradução de Ana Maria Mandim. Osasco: Novo Século, 2009.

GRANDI, G. **Estado e capital ferroviário em São Paulo**: a Companhia Paulista de Estradas de Ferro entre 1930 e 1961. São Paulo: Alameda, 2013.

ISAACSON, W. **Steve Jobs**. São Paulo: Companhia das Letras, 2011.

Especificamente sobre a história corporativa e seu objeto de estudo, indicamos os seguintes *sites*:

ABPHE – Associação Brasileira de Pesquisadores em História Econômica. Disponível em: <http://www.abphe.org.br/>. Acesso em: 24 ago. 2019.

FARIA, A. **Os melhores livros de biografias corporativas em 2018**. Disponível em: <http://blog.andrefaria.com/os-melhores-livros-de-biografias-corporativas-em-2018>. Acesso em: 4 out. 2019.

BRASIL. Ministério da Economia, Indústria, Comércio Exterior e Serviços. **Empresas brasileiras exportadoras e importadoras**. Disponível em: <http://www.mdic.gov.br/comercio-exterior/estatisticas-de-comercio-exterior/empresas-brasileiras-exportadoras-e-importadoras>. Acesso em: 4 out. 2019.

FDC – Fundação Dom Cabral. **Parcerias internacionais.** Disponível em: <https://www.fdc.org.br/sobreafdc/parcerias-internacionais>. Acesso em: 24 ago. 2019.

UFRJ – Universidade Federal do Rio de Janeiro. Instituto Coppead de Administração. Disponível em: <https://www.coppead.ufrj.br/>. Acesso em: 4 out. 2019.

## Atividades de autoavaliação

1. A respeito da história corporativa e seu objeto de estudo, assinale V para as sentenças verdadeiras e F para as falsas.

    ( ) A história corporativa constituiu-se como um ramo específico da história econômica e, mais precisamente, da história das empresas.

    ( ) A história corporativa estuda as firmas, as corporações, as empresas e as companhias, mas a memória dessas instituições não é contemplada pelos estudos dessa área.

    ( ) Uma atividade executada pela história das corporações é a implantação de centros de memória. Neles, contudo, o objetivo principal não é a preservação da memória empresarial.

    ( ) A história corporativa estuda somente as grandes empresas, pois estas já construíram uma longa história de conquistas, com inovação em produtos e em processos.

    Agora, marque a alternativa que indica a sequência correta:

    a) V, F, V, V.
    b) V, V, F, V.
    c) V, F, F, V.
    d) V, F, F, F.

2. Considere as afirmativas a seguir:

01) Preservar a memória empresarial é um papel que cabe apenas ao Conselho de Administração e ao Conselho Executivo das firmas.

03) A memória empresarial é um dos temas importantes a serem tratados dentro da história das corporações.

05) A memória das firmas se constitui na prática do dia a dia, com a colaboração de todos os funcionários, desde os que atuam no chão de fábrica até os executivos mais graduados.

10) Os centros de memória empresarial podem guardar a memória da empresa de diversas formas: entrevistando executivos, funcionários experientes, recolher documentos como fotos, atas, livros, folhetos, filmes e outros documentos da firma etc.

Agora, assinale a alternativa que corresponde à soma das afirmativas corretas:

a) 1
b) 9
c) 18
d) 19

3. Considere as afirmações a seguir.

I) A história corporativa estuda, ao mesmo tempo, a biografia dos fundadores e dos dirigentes mais significativos, assim como procura entender as principais decisões que garantiram a sobrevivência das organizações.

II) Por vezes, na história das empresas, surgem casos de corrupção na relação entre os executivos e os representantes do Poder Público. No entanto, este não é um tema para a história corporativa, e sim para a justiça.

III) A memória empresarial preserva apenas os bons momentos, os bons exemplos e o sucesso das empresas. As brigas internas e as disputas pelo poder, assim como os fracassos, não são temas da memória empresarial.

IV) A memória empresarial pode constituir-se numa ferramenta eficaz de gestão, pois os historiadores corporativos conseguem recuperar os dados que colaboram para a tomada de decisão dos executivos.

São corretas as afirmações:

a) I e IV.
b) Somente III.
c) II e III.
d) Todas as afirmativas estão corretas.

4. Considerando a história das corporações e a literatura brasileira a seu respeito, assinale V para as alternativas verdadeiras e F para as falsas.

( ) Como o Brasil faz parte dos países emergentes, a história corporativa ainda não começou a ser desenvolvida no país.

( ) *Pioneiros & Empreendedores*, projeto de pesquisa coordenado por Jacques Marcovitch na Universidade de São Paulo (USP), não pode ser considerado história corporativa porque trata das empresas e dos empresários do século XIX.

( ) As ferrovias também fazem parte da história corporativa. No entanto, elas são pouco importantes no Brasil porque foram substituídas pelo modelo rodoviário. Pela sua pouca importância atual, nunca foram objeto de estudo de pesquisadores brasileiros.

( ) No Brasil, a história corporativa fortaleceu-se nas últimas décadas. Uma das instituições que contribuíram para isso foi a Associação Brasileira de Pesquisadores em História Econômica (ABPHE).

Agora, marque a alternativa que indica a sequência correta:

a) V, V, V, V.
b) F, F, F, V.
c) V, F, F, F.
d) V, V, F, F.

5. Sobre o processo de internacionalização das empresas, considere as afirmações a seguir:

08) A internacionalização das empresas é um dos temas da história de empresas e de um de seus ramos específicos de estudo, que é a história corporativa.

16) As principais instituições brasileiras dedicadas a entender a internacionalização das empresas e contribuir para a formação de executivos internacionais são a Fundação Dom Cabral (FDC) e o Instituto de Pós-Graduação e Pesquisa em Administração (Coppead), da Universidade Federal do Rio de Janeiro (UFRJ).

32) Se considerarmos a experiência das empresas brasileiras e de outros países da América Latina, podemos dizer que suas multinacionais se chamam *multilatinas*.

64) Por serem muito recentes, as multilatinas ainda não contam com estudos aprofundados no Brasil, tampouco nos demais países do continente.

Agora, assinale a alternativa que corresponde à soma das afirmações corretas:

a) 40
b) 48
c) 56
d) 120

Atividades aplicadas: prática

1. Acesse os *sites* das revistas que se dedicam ao tema deste capítulo, como: *História Econômica & História de Empresas, América Latina en la Historia Económica, Business History, Business History Review, Apuntes, Journal of Evolutionary Studies in Business*. Escolha um artigo que trate do processo de internacionalização de uma empresa do Brasil ou da América Latina. Leia o texto e faça um resumo. Em seguida, compare seu conteúdo com os temas prioritários da história das corporações.

2. Acesse o *site*: <https://www.coppead.ufrj.br/>. Verifique quais são os temas prioritários no estudo da internacionalização das empresas brasileiras. Depois, relacione os diversos conteúdos do *site* com as preocupações da história das corporações.

Capítulo 5
# Historiografía empresarial

> *O historiador, pela própria natureza de seu trabalho, deve interessar-se pela mudança. O que favoreceu a mudança! Por que ela se deu em tal momento e de tal maneira! Para quem estuda a história das empresas nos EUA, essas perguntas podem ser um pouco mais precisas. O que no passado americano deu aos empresários a oportunidade ou criou-lhes a necessidade de mudar o que estavam fazendo ou o modo de fazê-lo!*
> (Chandler, 1998, p. 19)

A história de empresas se desenvolveu a partir do fortalecimento delas e de sua contribuição para o desenvolvimento econômico das nações mais desenvolvidas, como Estados Unidos, Japão e países da Europa. Nessas regiões, as firmas começaram pequenas, familiares, com um único produto, vendido para os mercados local e regional. Com o tempo, algumas se desenvolveram, tornando-se grandes multinacionais. Assim, passaram a ser dirigidas por executivos profissionais, recrutados no mercado e formados em grandes universidades. Viraram multiprodutos e multidivisionais, sendo estudadas nas universidades via cursos de história de empresas.

Iniciaremos este capítulo mostrando como foram formados os conceitos fundamentais para explicar a história dessas empresas. Em seguida, adaptaremos esses conceitos aos países periféricos, onde surgiram formas alternativas de organização empresarial, conhecidas como *grupos econômicos* ou *business groups*. Por fim, apresentaremos uma série de discussões que mostram como avançou a história de empresas no Brasil e nos demais países da América Latina.

*Armando Dalla Costa*

## (5.1)
## História de empresas: marco teórico inicial e novas perspectivas

Estudar a história de empresas significa entrar em um dos ramos da história econômica, relacionado, por sua vez, aos grandes campos de estudo da história, da economia e da sociologia, entre outras ciências sociais[1] (Valdaliso; Lopez, 2003). Entretanto, devemos ressaltar que a história de empresas privilegia o campo da história econômica, sem esquecer os diálogos necessários com a história social e cultural (Barbero, 2006).

O objeto de estudo da história empresarial é a análise das firmas e seus fundadores e dirigentes ao longo do tempo. A intenção desse ramo da historiografia, como você perceberá, é mostrar como foram sendo aplicadas estratégias de ação pelos empresários e suas firmas. Trata-se, também, de verificar quais relações eles estabeleceram com os governantes e a sociedade em geral.

Há uma série de definições de *firma* (ou *empresa*, ou *companhia*, termos utilizados neste texto como sinônimos), conforme a perspectiva de cada pesquisador. Para este capítulo, utilizaremos o conceito da economista e historiadora norte-americana Edith Penrose, uma das primeiras e mais importantes historiadoras de empresas da segunda metade do século XX. Penrose (2006) definiu *firma* como um conjunto de recursos produtivos, humanos e materiais, cuja disposição

---

1 Este capítulo se baseia, em boa medida, nos seguintes textos: DALLA COSTA, A. História de empresas no Brasil: entre os desafios teóricos e os estudos de caso. In: SAES, A. M.; RIBEIRO, M. A. R.; SAES, F. A. M. de (Org.). **Rumos da história econômica no Brasil: 25 anos da ABPHE**. São Paulo: Alameda, 2017. p. 521-558; DALLA COSTA, A. La historia de empresas en Brasil en el comienzo del tercer milenio. In: BARBERO, M. I; JACOB, R. (Org.). **La nueva historia de empresas en America Latina y España**. Buenos Aires: Temas Grupo, 2008. p. 83-108.

entre diversos usos e através do tempo é determinada por decisões administrativas[2]. Sua ênfase, portanto, é o conjunto de decisões tomadas pelos recursos humanos na administração da empresa.

A história empresarial permite resgatar a contribuição das firmas e de seus fundadores, dos principais executivos e, obviamente, dos trabalhadores para o desenvolvimento econômico e social dos países, para a geração de empregos, renda e tributos e para a produção das mercadorias necessárias para nossa sobrevivência. Essa história pode ser contada pelo viés da microeconomia, ou seja, reconstituindo-se o histórico de uma empresa específica.

A história empresarial também pode ser estudada do ponto de vista mesoeconômico, quando o historiador, em vez de limitar-se a estudar uma única firma, resolve estudar como funcionaram todas as empresas de um setor da economia. O foco também pode recair nas biografias[3] dos fundadores de firmas, de forma a demonstrar a maneira como os empresários foram desenvolvendo sua *performance* empresarial a partir do contexto em que viveram (Valdaliso; Lopez, 2003).

---

2 Se você desejar aprofundar o conceito de empresa ou verificar como outros autores a definiram, sugerimos ver o trabalho de Marshall: **Industry and Trade**. Há também uma forma de entender a firma característica da chamada economia neoclássica *(que, na verdade, nunca aprofundou muito os estudos sobre ela)*. Um autor que contribuiu para a compreensão da firma nos tempos atuais é Coase, no seu clássico artigo "The nature of the firm", de 1937. Entre os pesquisadores mais antigos também se destacam Berle e Means (1932), no texto The modern corporation and private property. No entanto, para Feijó e Valente (2004), Penrose foi quem deu início aos estudos para a compreensão da firma tal como a entendem os autores contemporâneos.

3 Sobre as biografias, citamos aqui apenas dois bons exemplos, um nacional e outro estrangeiro. O primeiro é de Malczewski (2015), cofundador da Bematech, em que se destacam erros e acertos na constituição e gerenciamento de uma firma de tecnologia. Outro é de Sloan (2001), principal executivo da General Motors, que relata as ações desenvolvidas ao longo da carreira para transformar aquela firma na maior montadora mundial.

> **Preste atenção!**
>
> As biografias podem ser escritas por jornalistas, historiadores, economistas ou *ghost writers* (autores contratados para escrever em nome de outra pessoa). Uma biografia pode ser apresentada em livro, mas também em filme ou peça de teatro, contando a história dos empresários. Independentemente de autoria ou formato, uma boa biografia deve levar em consideração o contexto sócio-político-econômico em que se desenvolveram as firmas.

O historiador Alfred Chandler pode ser consultado para compreender o surgimento e o desenvolvimento das micro e pequenas empresas familiares nos Estados Unidos e também o funcionamento de empresas que ele chamou de *modernas, multiprodutos* e *multidivisionais*. Em sua trajetória como pesquisador, Chandler seguiu um caminho que foi institucionalizado no país ainda nos anos 1920, quando a disciplina de História de Empresas passou a integrar os estudos da Graduate School of Business Administration da Universidade Harvard.

Uma das fontes mais significativas para estudar a história das empresas são os chamados *documentos primários*, como atas de fundação das firmas e de reuniões dos conselhos de administração e executivo, os relatórios anuais das firmas, fotos, filmes, documentos produzidos por consultores empresariais e outras informações de importância.

Em 1926, foi fundada a Business Historical Society (BHS) com o intuito, justamente, de preservar os arquivos e a memória empresarial. A criação dessa entidade motivou um verdadeiro surto de estudos e publicações sobre as firmas. Um ano após sua fundação, essa instituição iniciou a publicação de um boletim que deu origem à *Business History Review*. Editado desde 1954, atualmente é o mais importante periódico americano que publica estudos sobre história empresarial (Barbero, 1993).

> **Curiosidade**
>
> Os estudos em história das empresas feitos nos Estados Unidos a partir da década de 1920 podem ser comparados à grande produção da historiografia francesa, cujo marco foi a fundação da revista dos *Annales*, por Marc Bloch e Lucien Febvre. Se considerarmos a avaliação de Peter Burke (1991) sobre essa escola de pensamento, perceberemos que tanto a produção norte-americana quanto a francesa se destacaram pelo volume, pela quantidade e pela qualidade das pesquisas.

Joseph Schumpeter deu uma importante contribuição para entender o papel e a função dos empresários. Em sua obra *Teoria do desenvolvimento econômico* (Schumpeter, 1982, p. 43-66), destacou o papel do empresário inovador, apontando-o como o responsável por promover e aprimorar produtos ou processos e torná-los viáveis no mercado. Além disso, o economista austríaco introduziu o conceito de *destruição criadora*, percebida no momento em que um empresário lança uma mercadoria revolucionária, capaz de tornar obsoletos produtos mais antigos (Schumpeter, 1984, p. 112-114). Um exemplo é a invenção do telefone celular, que tende a causar a aposentadoria do telefone fixo.

Schumpeter influenciou toda uma geração conhecida como *neoschumpeterianos*. Entre os anos 1920 e 1950, surgiram várias coletâneas de estudos sobre história de empresas nos Estados Unidos com base nos conceitos lançados por Schumpeter e autores influenciados por ele. Esses estudos tiveram o suporte do Research Center in Entrepreneurial History, criado pelo economista e historiador

Arthur Cole na Universidade Harvard. Esse centro funcionou entre 1948 e 1958, incentivando a produção de muitos estudos baseados em fontes primárias (Barbero; Rocchi, 2004).

Dando continuidade ao desenvolvimento do conceito de *história de empresas*, na década de 1960 surgiu um autor que deu uma contribuição fundamental: Alfred Chandler. Ele se formou em História e defendeu sua tese de doutorado na Universidade Harvard em 1952, com um estudo sobre as ferrovias americanas. Reunindo uma série de artigos publicados entre 1956 e 1959, Chandler lançou o livro *Strategy and Structure* (1962), no qual estudou as empresas modernas nos Estados Unidos, multidivisionais e multiprodutos, que sucederam as micro e pequenas empresas. Destacando a função dos executivos e a bem montada estrutura administrativa, o autor mostra que as empresas modernas se prepararam para atuar em várias regiões geográficas, englobando novas funções (integração vertical). Além disso, aproveitaram as muitas oportunidades associadas ao crescimento da economia daquele país para, em seguida, se tornarem multinacionais.

Em seu segundo livro, *The Visible Hand* (1977), Chandler define melhor as características do que ele chamou de *empresa moderna*. Afirma que esta era constituída por várias unidades operacionais dirigidas por executivos de mercado, preparados tecnicamente; ajudados por uma estrutura organizada de maneira científica, superaram as tradicionais empresas pequenas e familiares, que eram comuns até por volta de 1840 nos Estados Unidos. Essas novas empresas caracterizavam-se por atuarem nas bolsas de valores, com milhares de acionistas, contando com a colaboração de milhares, às vezes centenas de milhares, de funcionários, e tendo lucros bilionários.

Chandler complementa uma trilogia de estudos sobre as grandes empresas com *Scale and Scope* (1990). Ele comparou o funcionamento das duzentas maiores empresas americanas, alemãs e inglesas, no período entre 1913 e 1973. Com uma estrutura administrada por *managers* profissionais (em português, *gerentes, administradores, diretores*) e com alcance de nível nacional (e internacional), essas firmas conseguiam atuar de maneira eficiente, beneficiando as economias de escala, de escopo e diminuindo os custos de transação.

> **Fique atento!**
>
> Nesse terceiro livro, Chandler (1990) destacou a predominância do que ele chamou de *capitalismo gerencial*, utilizado nos Estados Unidos, diferenciando-o do capitalismo pessoal, usado por firmas tradicionais na Inglaterra, e do capitalismo gerencial cooperativo, colocado em prática na Alemanha.

Chandler fazia a reconstituição histórica das firmas, buscando responder a questões como: "O quê?", "Como?", "Quando?", "Onde?" e "Por quê?". Em seguida, buscava comparar essa história individual com a de outras companhias para, no final de tudo, elaborar os conceitos com base nos casos práticos analisados (Barbero; Rocchi, 2004).

Essa forma de análise foi predominante na segunda metade do século XX. Em seguida, sofreu várias críticas de pesquisadores europeus, os quais afirmavam que o modelo deixava de fora a análise das empresas familiares, das pequenas e médias empresas, das cooperativas, da relação entre empresários e governo. Pesquisadores dos chamados *países emergentes*, além de criticarem a metodologia, buscaram desenvolver conceitos adaptados à sua realidade, sobretudo sugerindo uma análise a partir de grupos econômicos (Dalla Costa; Silva, 2018), como veremos logo a seguir.

## (5.2)
## GRUPOS ECONÔMICOS E A HISTÓRIA DE EMPRESAS NOS PAÍSES PERIFÉRICOS

O modelo chandleriano foi criticado, porém não completamente abandonado. Os livros do autor continuam sendo muito utilizados, sobretudo em cursos de Administração, Economia e Ciências Contábeis, mas também nas engenharias.

> **Curiosidade**
>
> Podemos perceber a importância de Chandler no Brasil em nossa produção acadêmica: de 309 teses defendidas nos cursos de Administração entre os anos 2000 e 2010, 14,89% fizeram referência a alguma obra do autor (Oliveira; Masiero, 2011).

As críticas dos historiadores europeus motivaram outros temas de pesquisas, tais como a formação das elites empresariais, as redes familiares e sociais, as redes empresariais, compreendendo-se a firma como um ambiente no qual, e a partir do qual, se estabelecem relações sociais. Para Barbero e Rocchi (2004), além desses aspectos, os pesquisadores europeus insistiram na importância das empresas familiares. Isso foi levado em consideração porque tal tipo de firma era característico e tradicional na Europa, sendo um modelo que influenciou o desenvolvimento econômico e social local daqueles países.

Chesnais (1996) menciona que os pesquisadores franceses queriam que o conceito de grande empresa não ficasse somente restrito à ideia chandleriana, mas também abarcasse diversos setores. Além disso, havia grupos empresariais cujo tamanho lhes permitia atuar com subsidiárias espalhadas pelo globo e controladas por uma matriz ou *holding*.

Podemos, então, fazer o seguinte questionamento: Se o modelo desenvolvido por Chandler a partir da experiência dos Estados Unidos não respondia, necessariamente, a todas as questões de história de empresas na Europa, como o Brasil e outros países emergentes, com realidades ainda mais diferentes, abordaram o problema? Nos países emergentes, os grandes conglomerados econômicos que se formaram a partir dos anos 1970 passaram a se organizar como grupos econômicos.

De acordo com pesquisadores como Colpan, Hikino e Lincoln (2010), os grupos econômicos surgiram em países emergentes como Brasil, Argentina, Chile, Coreia do Sul, China, Índia, México, entre outros. Esse conceito predominou ao longo da segunda metade do século XX e nas primeiras décadas do século XXI.

Contudo, não há um consenso em relação ao próprio conceito. Para Khanna e Yafeh (2007, p. 331), trata-se de "grupos compostos de empresas juridicamente independentes, que operam em várias indústrias, muitas vezes não relacionadas, que são ligados entre si por persistentes laços formais (patrimônio) e informais (família)".

Para Gonçalves (1991, p. 181), as companhias com essas características podem ser definidas da seguinte maneira:

> *o grupo econômico é definido como o conjunto de empresas que, ainda quando juridicamente independentes entre si, estão interligadas, seja por relações contratuais, seja pelo capital, e cuja propriedade (de ativos específicos e, principalmente, do capital) pertencem a indivíduos ou instituições, que exercem o controle efetivo sobre este conjunto de empresas.*

Para diversos autores, entre os quais Granovetter (1995, 2005) e Barbero (2011), os grupos econômicos apresentam vantagens em relação ao conceito de empresa moderna de Chandler (1962) ou ao conceito de Penrose (2006). Isso porque, ao analisar as grandes firmas dos países emergentes como grupos econômicos, é possível verificar como se caracterizam:

- a estrutura do grupo (grau de integração e diversificação de atividades);
- o tipo de propriedade e controle (familiar ou não, existência ou não de *holdings*);
- as estratégias e a capacidade de concorrência;
- a importância das redes sociais e relacionamentos na formação e atuação do grupo;
- os vácuos institucionais: assimetria de informações, regulação inadequada, sistemas jurídicos ineficientes e suas relações com o Estado (marcos regulatórios, políticas públicas).

Para Valdaliso e Lopez (2003), os grupos econômicos raramente têm o controle do capital exercido integralmente por um mesmo grupo. Em outros casos, autores como Born (2008) destacam que as famílias controladoras estão presentes nos conselhos de administração e, muitas vezes, nos próprios conselhos executivos das principais firmas do grupo. Os mesmos autores ressaltam que, por vezes, os grupos econômicos dispõem de seus próprios bancos ou mantêm relações muito próximas com instituições financeiras para financiar suas atividades.

Guillén (2001) observa que os empresários criam grupos econômicos se as condições lhes permitem manter a capacidade de combinar recursos como insumos, conhecimentos e mercados e, além disso, entrar em outros setores de atividades econômicas.

Não foi apenas o conceito de grupos econômicos que se consolidou e evoluiu nos países emergentes. Surgiram também estudos práticos analisando a experiência de determinadas companhias.

Trataremos de um caso nacional, o Grupo Votorantim e outro multinacional, o Grupo Bunge.

Para Silva e Dalla Costa (2018a, 2018b), a origem e o desenvolvimento dos grupos econômicos brasileiros, sobretudo os formados ainda no século XIX ou início do XX, permanecem obscuros, pouco estudados na historiografia das empresas e na história econômica. A Votorantim, oitavo maior grupo econômico brasileiro em 2007, iniciou suas atividades no setor têxtil em 1891, no interior de São Paulo, com aportes financeiros do Banco União, o maior banco paulista da época. Depois de consultar documentos primários no Centro de Memória Votorantim, em São Paulo, além da ampla bibliografia sobre o grupo, os autores demonstram como, em 1919, Pereira Ignácio adquiriu o controle acionário dos diversos empreendimentos que compunham a Fábrica Votorantim e a eles agregou suas unidades descaroçadoras de algodão e a Fábrica de Cimento Rodovalho, formando então o Grupo Votorantim, que atuava no setor têxtil (Fábrica Votorantim em Sorocaba – SP), na exploração de cal (Caieiras de Itupararanga em Sorocaba – SP), a produção de cimento (Fábrica Rodovalho em São Roque – SP), além de administrar a Estrada de Ferro Votorantim e possuir a própria usina para geração de energia. Essa diversificação de atividades já é uma das características dos grupos econômicos em economias periféricas. Após investimentos e modernização durante os anos 1920, a Fábrica Votorantim tornou-se a maior firma têxtil algodoeira de São Paulo.

Silva e Dalla Costa (2018a) afirmam que a evolução que a levou ao posto de principal empresa têxtil paulista na década de 1930 apoiou-se em três fatores: 1) sua constituição como grupo econômico; 2) sua administração familiar; 3) suas ligações com o setor financeiro paulista.

No que se refere à configuração de grupos econômicos, essas três características são consideradas como essenciais pelos autores.

> O setor têxtil era extremamente oligopolizado, composto por fábricas como a Belenzinho (São Paulo) e a Votorantim (Sorocaba-SP), as quais, em 1935, somadas tinham boa parte do capital, força motriz, maquinário e trabalhadores do ramo têxtil algodoeiro em suas fábricas[4]. A primeira era pertencente ao conglomerado Indústrias Reunidas Francisco Matarazzo [...] (Pedrosa, 2015, p. 170). Por sua vez, a Sociedade Anônima Fábrica Votorantim na década de 1930 atuava na fiação e tecelagem de algodão, óleos vegetais e subprodutos, sabão e saponáceos, olarias, cimento e cal, adubos e colas, fornecimento de energia elétrica, além de possuir uma ferrovia. (Silva; Dalla Costa, 2018b, p. 582)

Como exemplo de grupo internacional, apontamos a Bunge, presente no país desde 1905, quando se associou ao Moinho Santos, no Estado de São Paulo. Desde então, a firma foi ampliando sua atuação. Nos anos 1990, chegou a ter 127 empresas independentes uma da outra (Calais, 2018).

Conforme dados de Dalla Costa e Silva (2018), em 2007 a Bunge teve uma receita líquida de US$ 12 bilhões de dólares, tornando-a o 14º maior grupo econômico brasileiro. No setor alimentício, estava atrás somente da Companhia de Bebidas das Américas (Ambev) (Aldrighi; Postali, 2010). Em 2014, era a quarta maior exportadora do país, com vendas de US$ 6,1 bilhões, sendo superada pela Vale (US$ 17,0 bilhões), pela Petrobras (US$ 11,1 bilhões) e pela Cargill (US$ 6,2 bilhões) (Exame, 2015).

---

4  "No ano de 1935, a fábrica Belenzinho e a Votorantim, juntas, contabilizavam 18% do capital das fábricas têxteis algodoeiras do Estado de São Paulo, 12% do operariado, 15% da força motriz, 14% dos fusos e 13% dos teares" (DEIC/SAIC/SP, 1935, cirado por Silva; Dalla Costa, 2018b, p. 582).

Dalla Costa e Silva (2018) colocam como questão inicial: Como a Bunge, no contexto de uma economia de industrialização precária e incipiente, tornou-se um grupo econômico? Os autores analisam essa experiência nos primeiros 50 anos de atuação dessa firma, ou seja, de 1905 a 1955. Depois de consultar dados primários no Centro de Memória Bunge e utilizar as fontes secundárias, os autores chegam à conclusão de que a Bunge tornou-se um grupo econômico porque: comprou concorrentes; aumentou a capacidade instalada de seus moinhos; diversificou produtos; inseriu-se nas comunidades com a atuação da Fundação Bunge; inovou lançando novas mercadorias; seus dirigentes foram pioneiros nos setores de atuação; ocupou o território nacional; reinvestiu o próprio capital para formar novas empresas e foi pioneira em diversos ramos empresariais.

O Quadro 5.1 ajuda a compreender como a Bunge se expandiu. Pela análise, também podemos perceber que tipo de atividade principal cada firma exerce e qual era a localização da sede. Isso tudo permite a entender como a empresa foi constituindo diversas atividades econômicas e ocupando o território nacional até, enfim, transformar-se num grupo econômico.

Quadro 5.1 – Grupo Bunge Brasil, 1905-1955

| Ano | Empresa | Principal atividade | Localização |
|---|---|---|---|
| 1905 | Moinho Santista | Farinha e derivados de trigo | Santos-SP |
| 1914 | Moinho Fluminense | Farinha e derivados de trigo | Rio de Janeiro-RJ |
| 1914 | Grandes Moinhos do Brasil – Moinho Recife | Farinha de trigo, derivados e estrutura portuária | Recife-PE |

*(continua)*

*(Quadro 5.1 – conclusão)*

| Ano | Empresa | Principal atividade | Localização |
|---|---|---|---|
| 1923 | Sanbra: Sociedade Algodoeira do Nordeste Brasileiro | Descaroçador de algodão, fábricas de sabão e de fertilizantes; fábricas de óleo de algodão, amendoim e mamona; moinhos de arroz; tanque de óleo para exportação. | Nordeste do Brasil e forte atuação em São Paulo e Paraná |
| 1929 | Sanbra | Salada: 1º óleo vegetal do Brasil (algodão) | Brasil todo |
| 1929 | Samrig: Moinhos Rio Grandense S.A. | Farinha e derivados de trigo | Porto Alegre-RS |
| 1934 | Bunge | Início das exportações – algodão e café | Nordeste e Santos-SP |
| 1934 | Moinho Santista | Fiação de lã | Belenzinho-SP |
| 1936 | Sibra: Sociedade Brasileira de Cimentos | Exploração de cimentos | Belenzinho-SP |
| 1938 | Serrana | Fertilizantes | Cajati-SP |
| 1947 | Manah | Fertilizantes | Descalvado-SP |
| 1950 | Moinho Santista | Propaganda – inauguração TV no Brasil | Santos-SP |
| 1955 | Fundação Bunge | Apoio a artes, letras, ciências e atividades comunitárias | São Paulo-SP |

Fonte: Dalla Costa; Silva, 2018, p. 202.

Se você quiser entender como uma das empresas do Grupo Bunge também foi montando suas subsidiárias e ela própria se transformou em outro grupo econômico, pode verificar a experiência da Sociedade Algodoeira do Nordeste do Brasil (Sanbra). Dalla Costa e Silva (2020) mostram como a firma tornou-se um grupo econômico ao ampliar suas atividades entre 1923, ano de sua fundação, e 1994, quando a Bunge Brasil passou por um processo de reestruturação e a firma foi incorporada, deixando de existir como companhia independente.

Os autores utilizaram documentos primários do Centro de Memória Bunge e desenvolveram o trabalho seguindo os preceitos teóricos da ideia de formação de grupos econômicos em economias periféricas. Concluíram que a Sanbra tornou-se um grupo econômico porque diversificou suas atividades. Além de algodão, passou, com o tempo, a atuar com outras matérias-primas, como milho, trigo, café, mamona, girassol, dendê, amendoim, oiticica, arroz e, já no século XXI, cana-de-açúcar. Ela também diversificou em produtos, entrando em novos setores, como margarinas, óleos vegetais, sabões e sorvetes.

Ademais, a Sanbra reinvestiu seu capital próprio, comprando terrenos, edifícios, máquinas e equipamentos. Outro aspecto a destacar foi sua atuação nos mercados nacional e internacional. Nesse caso, tornou-se uma das maiores exportadoras do agronegócio e fez das vendas externas um de seus pontos fortes, sendo que o auge ocorreu em 1973/1974, quando as exportações representaram 48,9%, caindo para 21,4% no início da década de 1990.

Conforme Dalla Costa e Silva (2020), a experiência da Sanbra permite analisar o comportamento de um grupo econômico com longa presença no mercado interno. Essa firma contribuiu para que a Bunge Brasil, em 2014, representasse 38% do faturamento da Bunge mundial. Fez isso reinvestindo seu capital, aumentando a capacidade produtiva, diversificando produtos e lançando novos, ocupando o espaço nacional, adaptando-se às conjunturas econômico-políticas e, muitas vezes, apresentando-se como empresa nacional, a fim de beneficiar-se dos programas dos bancos públicos, que ofereciam condições mais favoráveis que o mercado financeiro privado.

*Armando Dalla Costa*

## (5.3)
## História de empresas no Brasil e na América Latina

O Brasil ainda não conta com estudos sistemáticos de empresas, tampouco com uma teoria própria. Em nosso país, os estudos começaram, sobretudo, na segunda metade do século XX, mas não há uma produção sistemática e constante a partir de bons e grandes centros de estudo.

Situação semelhante acontece nos demais países da América Latina, com exceção de Argentina, Colômbia e México, onde há uma produção mais sistemática e organizada. Mesmo nesses países, ainda não se desenvolveram estudos aprofundados e numerosos, nem há uma teoria própria para explicar a experiência empresarial que se desenvolveu na América Latina, com exceção de alguns estudos pontuais em termos de grupos econômicos.

Assim, mostraremos o que foi feito no Brasil e nos demais países da América Latina, destacando as principais atividades, encontros, associações, revistas etc. que contribuíram para o desenvolvimento da história de empresas, ou *business history*, como também é conhecida.

Provavelmente você não deve ter estudado história de empresas no Brasil no ensino fundamental ou no ensino médio nem na faculdade. É que essa disciplina, no geral, não é ensinada nem mesmo nos cursos de Administração de Empresas, Economia, Ciências Contábeis ou nas engenharias. Essas são áreas que poderiam contemplar a História de Empresas em suas grades curriculares. Contudo, tal cenário não significa que nada foi realizado. A Associação Brasileira de Pesquisadores em História Econômica (ABPHE) apresenta resultados bastante consistentes a respeito dessa situação, como veremos a seguir.

### 5.3.1 Associação Brasileira de Pesquisadores em História Econômica (ABPHE)

No Brasil (Dalla Costa, 2008), a constituição da Associação Brasileira de Pesquisadores em História Econômica (ABPHE)[5] significou um marco para o avanço dos estudos em história de empresas. Seguiu o modelo daquilo que aconteceu na Espanha (Olivares, 2008) e em outros países da América Latina. Barbero (Barbero; Jacob, 2008) analisou o caso argentino; Jacob (2008) se debruçou sobre a experiência uruguaia; Marichal (2008) estudou o México; e Guevara e Satizábal (2008), a Colômbia.

> **Preste atenção!**
>
> A Associação Brasileira de Pesquisadores em História Econômica (ABPHE) foi fundada na cidade de São Paulo, no dia 10 de setembro de 1993, ao término do I Congresso Brasileiro de História Econômica e da II Conferência Internacional de História de Empresas (ABPHE, 2019).[6]

No congresso que levou à fundação da associação, em Niterói, no ano de 1991, foi realizada também a I Conferência Internacional de História de Empresas, sob a coordenação da professora Maria

---

[5] *Para acessar um estudo aprofundado sobre os primeiros 25 anos da associação, consulte: SAES, A. M.; RIBEIRO, M. A. R.; SAES, F. A. M. de (Org.).* **Rumos da história econômica no Brasil: 25 anos da ABPHE.** *São Paulo: Alameda, 2017.*

[6] *Ao visitar o site da ABPHE, além de consultar o histórico da instituição, você pode encontrar informações sobre os artigos que foram apresentados nos diversos Congressos Internacionais de História Econômica e nas Conferências Internacionais de História de Empresas, realizados de dois em dois anos. Também pode consultar os mesmos dados sobre os Encontros Nacionais de Pós-Graduação em História Econômica, realizados nos anos alternativos aos congressos. No mesmo site estão disponíveis os números da revista* História Econômica & História de Empresas, *a principal publicação nacional nessas duas áreas de conhecimento.*

Bárbara Levy[7]. A associação teve como primeiro presidente Tamás József Márton Károly Szmrecsányi, um dos maiores incentivadores tanto da própria associação como da criação e publicação da revista *História Econômica & História de Empresas*. Ele, assim como outro presidente da ABPHE[8], Carlos Roberto Antunes dos Santos, já faleceram, deixando, felizmente, um grande legado em pesquisa, formação de novos pesquisadores, publicações e participação na vida acadêmica nacional[9].

Os congressos e conferências internacionais da ABPHE são organizados a partir de temáticas: Brasil Colônia; Brasil Império; Brasil República; História Econômica Geral e Economia Internacional; História do Pensamento Econômico e Metodologia; História de Empresas e História da Tecnologia.

Ao longo das 12 Conferências Internacionais de História de Empresas e História da Tecnologia, da ABPHE, entre 1993 e 2017, foram apresentados 245 trabalhos, o que dá uma média de 20,41 artigos por conferência. Portanto, as conferências da ABPHE tornaram-se, desde sua fundação, o principal e mais privilegiado espaço para apresentação e discussão das pesquisas sobre o assunto.

---

7 Para saber mais sobre as dificuldades enfrentadas pelas primeiras historiadoras econômicas no Brasil, consulte: RIBEIRO, M. A. R. Lutas e conquistas das primeiras historiadoras em história econômica, 1934-1972. In: SAES, A. M.; RIBEIRO, M. A. R.; SAES, F. A. M. de (Org.). **Rumos da história econômica no Brasil: 25 anos da ABPHE**. São Paulo: Alameda, 2017. p. 141-206.

8 Até 2019, a associação já teve 11 presidentes. O mandato é de dois anos.

9 Os ex-presidentes da ABPHE que já faleceram foram homenageados na obra sobre os 25 anos da associação: PELAEZ, V. Tamás József Károly Szmrecsányi (1936-2009). In: SAES, A. M.; RIBEIRO, M. A. R.; SAES, F. A. M. de (Org.). **Rumos da história econômica no Brasil: 25 anos da ABPHE**. São Paulo: Alameda, 2017. p. 285-308; e DALLA COSTA, A. Carlos Roberto Antunes dos Santos (1945-2013): uma vida dedicada à educação e à universidade. In: SAES, A. M.; RIBEIRO, M. A. R.; SAES, F. A. M. de (Org.). **Rumos da história econômica no Brasil: 25 anos da ABPHE**. São Paulo: Alameda, 2017. p. 323-330.

> **Curiosidade**
>
> Na área de administração, a produção é muito maior. Só o acervo da Spell, vinculada à Associação Nacional de Pós-Graduação e Pesquisa em Administração (Anpad), tem cerca de 25 mil artigos.

Tabela 5.1 – Trabalhos apresentados nos congressos e conferências da ABPHE – 1993-2017

| Período / Tema | Brasil Colônia | Brasil Império | Brasil República | Hist. Econ. Geral Econ. Intern. | Hist. Pensamento Econ. Metodologia | Hist. Empresas e Hist. Tecnologia | Total |
|---|---|---|---|---|---|---|---|
| I CBHE 4ª CIHE 2ª CIHE 7 a 10/09/1993 São Paulo FEA/USP | 17 | 16 | 16 | | 4(i) | 22 | 93 |
| II CBHE 3ª CIHE 13 a 16/10/1996 Niteroi UFF | (ii) | (ii) | (ii) | (ii) | (ii) | 22 | 96 |
| III CBHE 4ª CIHE 29/08 a 01/09/1999 Curitiba UFPR | (iii) | (iii) | (iii) | (iii) | (iii) | 19 | 129 |
| IV CBHE 5ª CIHE 2 a 05/09/2001 São Paulo FEA-USP | 9 | 9 | 20 | 18 | 15 | 19 | 90 |
| V CBHE 6ª CIHE 7 a 10/09/2003 Caxambu UFMG | 16 | 10 | 22 | 15 | 12 | 23 (iv) | 98 |
| VI CBHE 7ª CHIE 4 a 7/09/2005 Conservatória UFF, UFRJ, UFMG | 16 | 22 | 23 | 16 | 16 | 18 | 111 |
| VII CBHE 8ª CIHE 2 a 5/09/2007 Aracaju UFS | 15 | 24 | 24 | 16 | 8 | 19 | 116 |
| VIII CBHE 9ª CIHE 6 a 8/09/2009 Campinas Unicamp | 23 | 32 | 36 | 21 | 27 | 29 | 168 |
| IX CBHE 10ª CIHE 7 a 9/09/11 Curitiba UFPR | 17 | 21 | 37 | 19 | 26 | 15 | 135 |
| X CBHE 11ª CIHE 8 a 11/09/2013 Juiz de Fora UFJF | 14 | 29 | 38 | 21 | 19 | 13 | 134 |

*(continua)*

*(Tabela 5.1 – conclusão)*

| Período \ Tema | Brasil Colônia | Brasil Império | Brasil República | Hist. Econ. Geral Econ. Intern. | Hist. Pensamento Econ. Metodologia | Hist. Empresas e Hist. Tecnologia | Total |
|---|---|---|---|---|---|---|---|
| XI CBHE 12ª CIHE 14 a 16/09/2015 Vitória Ufes | 6 (v) | 28 (v) | 32 (v) | 15 | 27 | 14 | 122 |
| XII CBHE 13ª CIHE 28 a 30/08/2017 | 11 | 33 | 31 | 32 | 26 | 32 | 165 |

Fonte: Elaborado pelo autor com base nos anais e cadernos de resumos dos congressos e no *site* da ABPHE.

Observação:
(i) Debate Geral: 4.
(ii) O evento de 1996 foi organizado a partir da seguinte distribuição de temas: História Agrária: 22; Urbanização e Industrialização: 25; Economia Internacional: 4; História de Empresas: 22; Políticas Públicas e Finanças: 14; História do Pensamento Econômico: 9 (Anais do evento em 5 volumes).
(iii) O evento de 1999 foi organizado a partir da seguinte distribuição de temas: Economia Agrária: 21; Economia Urbano Industrial: 17; Economia Internacional: 21; Economia do Trabalho: 17; Políticas Governamentais e Finanças: 21; História de Empresas: 19; Pensamento Econômico no Brasil: 7; Metodologia da História Econômica: 6.
(iv) No congresso, houve duas sessões de Brasil República/Indústria. Se os trabalhos dessas duas sessões forem contados em História de Empresas, acrescentam-se oito trabalhos e retiram-se os mesmos oito de Brasil República.
(v) As sessões deste congresso foram organizadas a partir dos seguintes temas: Brasil e América Latina Coloniais: 6; Brasil e América Latina séculos XIX: 28; Brasil e América Latina Séculos XX e XXI: 32. As demais sessões seguiram os mesmos nomes.

Além dos congressos e conferências internacionais frequentados por pesquisadores consolidados do Brasil, da América Latina e de outros continentes, a ABPHE preocupa-se com a formação de novos pesquisadores. Você pode estar se perguntando como se faz isso.

Desde 2002, a associação realiza Encontros de Pós-Graduação em História Econômica a cada dois anos, em alternância com os anos em que são realizados os congressos e as conferências. Estudantes de Iniciação Científica, Mestrado e Doutorado reúnem-se para apresentar suas pesquisas. O primeiro aconteceu em 2002, na Universidade Estadual Paulista (Unesp), em Araraquara (SP), seguido pelo de 2004, na Universidade Federal Fluminense, em Niterói (RJ), e pelo de 2006, na Universidade Estadual de Campinas (SP).

Assim como os congressos e conferências internacionais, esses encontros passaram a ser lugares privilegiados de apresentação das pesquisas. Os primeiros eventos reuniram cerca de 50 pesquisadores, passando para cerca de 80 nos eventos seguintes. Dessa forma, a ABPHE contribui para formar novos pesquisadores em história econômica e de empresas, garantindo também a continuidade das pesquisas.

Em 2019, a ABPHE era parte integrante da Associação Latino-Americana de História Econômica (Cladhe) e da Associação Internacional de História Econômica (IEHA). Junto com as demais associações americanas, organiza desde 2007 o Congresso Latino-Americano de História Econômica.

> **Curiosidade**
>
> Há outro grupo que reúne pesquisadores de sociologia, ciência política, antropologia, economia, história, administração e afins, chamado Empresa, Empresários e Sociedade. Reunindo-se desde 1998, o grupo pesquisa os agentes econômicos, as empresas e os empresários em perspectiva histórica e conjuntural, contemplando questões teóricas e metodológicas e também injunções políticas e econômicas da atualidade. O grupo publicou diversos livros com os trabalhos apresentados nos encontros.

*Armando Dalla Costa*

## 5.3.2 Crescimento do estudo sobre história de empresas

A exemplo do que ocorreu no Brasil, na América Latina a história de empresas foi despontando a partir da década de 1960, crescendo lentamente até a década de 1980. Nesse momento, a área começou a se definir como uma especialização reconhecida no campo acadêmico dos estudos históricos. Desde então, a história de empresas cresceu muito, sobretudo a partir dos anos 1990, embora com fortes diferenças entre os países (Barbero; Jacob, 2008).

Na primeira fase, antes dos anos 1990, a história de empresas esteve sob o domínio das ciências sociais, tal como a ciência política e a administração. Os estudos estavam voltados sobretudo para o subdesenvolvimento, com um debate de forte viés ideológico. Porém, também havia estudos com abundante evidência empírica. Os trabalhos sobre empresários consistiam, principalmente, em um estudo das elites, sendo publicados por sociólogos e cientistas políticos. Havia, ainda, trabalhos de economistas interessados em conhecer as características do empresariado industrial e sua propensão a liderar processos de transformação econômica e social.

Uma exceção a esse quadro geral vem da Colômbia, onde a história empresarial nasceu no campo da administração de empresas, fortalecendo-se desde a década de 1970 graças à implantação, na Universidade de Los Andes, da disciplina de História do Desenvolvimento Empresarial Colombiano.

Como nos recorda Marichal (2008), poucos historiadores econômicos se ocupavam da história empresarial antes de 1980, por diversas razões. Uma delas é que a própria historiografia econômica e social ainda não estava estruturada e, menos ainda, especializada em campos próprios. Outra razão é que os pesquisadores não se arriscavam a estudar empresários, empresas e líderes empresariais em virtude das disputas político-ideológicas.

Na maioria dos países da América Latina, desde os anos 1960 até o final da década de 1980, uma parte significativa das contribuições dos historiadores à história de empresas foi realizada por acadêmicos estrangeiros, sobretudo europeus e americanos. Esses cientistas dedicavam-se, sobretudo, a estudar os setores produtivos, os investimentos diretos estrangeiros e o empresariado. Suas obras, além de se tornarem referência, serviram de estímulo para o desenvolvimento de estudos locais, mormente a partir da década de 1990.

Até a década de 1980, os historiadores de empresas latino--americanos buscavam entender o papel das elites regionais e o significado dos diversos setores produtivos na atividade econômica. Um segundo tema que despontou foi o dos estudos setoriais, tais como agricultura, agroindústrias, bancos, ferrovias, mineração, comércio e indústria. Até o início da década de 1990, porém, muitos estudos estavam permeados por questões ideológicas, pelo estruturalismo latino-americano, pela teoria da dependência (Cardoso; Faletto, 1970) e por diversas vertentes do marxismo.

Paralelamente a essas discussões, o leque de temas estudados foi se ampliando. Evoluiu-se de uma fase de forte predomínio de "história de empresários" para pesquisas sobre empresas e conglomerados econômicos, em sua maioria com base em estudos de caso. Outro tema que foi ganhando preferência, sobretudo a partir da década de 1990, foi a internacionalização das companhias latino-americanas, também conhecidas como *multilatinas*.

Grande parte dos pesquisadores em história de empresas admite que uma das maiores dificuldades é o acesso às fontes de dados primários, em especial os arquivos das firmas privadas, mas também das companhias públicas. Diante desse obstáculo, os autores tentam utilizar outras fontes, como arquivos públicos, cartoriais, judiciais, arquivos de associações profissionais, de cooperativas, atas de fundação das firmas, relatórios anuais de firmas com ações nas bolsas de valores, revistas internas das empresas distribuídas entre os funcionários, livros de edições comemorativas das companhias, biografias de empresários, e assim por diante. Além disso, fazem entrevistas com os próprios empreendedores, executivos, funcionários aposentados, entre outros.

Até recentemente, a historiografia de empresas latino-americanas tinha como característica o fato de os pesquisadores se dedicarem às firmas de seu próprio país. No entanto, o surgimento de associações e de congressos internacionais favoreceu um intercâmbio e uma maior internacionalização das pesquisas, inclusive mediante parceria entre autores de diferentes países, comparando-se firmas de diversas nações. Uma geração nova de pesquisadores, que já se formou nesse novo ambiente, tem uma propensão a ultrapassar fronteiras e dar um sentido mais internacionalizado a essa disciplina.

A formalização de grupos de pesquisadores em universidades públicas e privadas, muitas vezes financiados pelos sistemas nacionais de ciência e tecnologia, foi um incentivo para o incremento da produção das pesquisas. Essas associações são, ao mesmo tempo, nacionais e internacionais. Entre as nacionais, destacam-se as Associações Nacionais de História Econômica e, entre as internacionais, o Congresso Latino-Americano de História Econômica, iniciado em 2007.

> **Curiosidade**
>
> Cerca de uma dezena de países latino-americanos dispõe de associações de história econômica e de história de empresas, como vimos no Capítulo 1 deste livro. No caso do Brasil, a ABPHE foi fundada em 1993 e desde então realizou congressos regularmente, publicou a revista *História Econômica & História de Empresas*, contribuiu para formar novos pesquisadores e incentivou muitas publicações, sobretudo coletâneas de livros.

Você pode estar se perguntando onde encontrar os resultados dessas pesquisas. O surgimento de revistas impressas e, mais recentemente, *on-line* deu um forte incentivo à disciplina. Surgiram também *sites* ou redes virtuais que publicam informações a respeito de história de empresas. Destacamos a Red de Estudios de Historia de Empresas[10], organizada pelas pesquisadoras María Inés Barbero e Andrea Lluch. A partir da Argentina, a rede de pesquisadores e sua revista criaram um modelo eficaz de relacionamento com as comunidades acadêmicas dos demais países.

Por fim, destacamos que, salvo exceções, a história de empresas na América Latina está longe dos avanços alcançados nos Estados Unidos, na Europa e no Japão. Entre os pontos negativos, estão:

---

10 *Seus boletins estão disponíveis em <http://redhistoriaempresas.org>, sendo editados por María Inés Barebero (UBA), Andrea Lluch (UNLPam-Conicet), Daniel Moyano (UNT-Conicet) e Patricia Olguín (UNCuyo-Conicet). A rede menciona todos os congressos nacionais e internacionais, faz sinopse dos novos livros lançados, informa acerca das revistas mais importantes da historiografia de empresas e põe o leitor em contato com o que há de mais importante em história de empresas no continente americano e no mundo.*

- baixo grau de profissionalização e institucionalização;
- qualidade dos trabalhos, em média, inferior;
- uso de teoria e história comparada incipiente;
- escopo limitado dos temas analisados;
- acesso dificultado aos arquivos e fontes primárias;
- produção relativamente escassa, o que limita conclusões gerais e a elaboração de teorias mais robustas.

Mesmo com os destaques negativos, é correto afirmar que avanços significativos puderam ser vistos nas últimas décadas, tanto em termos de pesquisa como em ensino e intercâmbios nacionais e internacionais. O mesmo pode ser dito a respeito da organização de congressos, conferências e minicursos regionais, nacionais e internacionais. A formação de novos pesquisadores em história de empresas se fortaleceu em decorrência desse novo ambiente. Permanece, contudo, o desafio de enfrentar novos temas[11] e contar com financiamento público-privado para pesquisas de maior alcance.

## Síntese

Neste capítulo, vimos que a história de empresas é uma atividade relativamente recente. Os primeiros estudos sistemáticos foram realizados há cerca de um século. Apresentamos as teorias que se desenvolveram para buscar explicar como se formam e evoluem as companhias. Ao narrarmos o desenvolvimento da história de empresas no Brasil e na América Latina, destacamos a importância das associações que promovem encontros, congressos nacionais e internacionais e publicam

---

11 Barbero e Jacob (2008) relacionam uma série de temáticas que deveriam ser levadas em conta nos estudos de história de empresas na América Latina e que continuam como desafios a serem enfrentados pelas novas gerações de pesquisadores.

revistas com os resultados de pesquisas em andamento. Ressaltamos que, no Brasil, merece atenção a existência dos trabalhos realizados pela ABPHE, com seus congressos e conferências internacionais. Citamos o Congresso Latino-Americano de História Econômica, considerado o mais importante do continente, que reúne centenas de pesquisadores. Por fim, indicamos *sites*, livros, congressos e demais eventos, ressaltando que, atualmente, a maioria da produção científica está disponível *on-line*.

## Indicações culturais

Para saber mais sobre os assuntos tratados neste capítulo, você pode consulte os *sites* e textos a seguir:

ABPHE – Associação Brasileira de Pesquisadores em História
 Econômica. Disponível em: <http://www.abphe.org.br>. Acesso
 em: 1º out. 2019.
BARBERO, M. I.; JACOB, R. (Ed.). **La nueva historia de empresas
 en America Latina y España**. Buenos Aires: Temas Grupo
 Editorial, 2008.
DALLA COSTA, A. História de empresas no Brasil: entre os desafios
 teóricos e os estudos de caso. In: SAES, A. M.; RIBEIRO, M. A.
 R.; SAES, F. A. M. de (Org.). **Rumos da história econômica
 no Brasil**: 25 anos da ABPHE. São Paulo: Alameda, 2017.
 p. 521-558.
DALLA COSTA, A.; SILVA, G. P. da. Bunge and his First Fiftieth
 Anniversary in Brazil (1905-1955): the Construction of an
 Economic Group. **Investigaciones de Historia Económica**,
 v. 14, p. 199-209, 2018.
RED DE ESTUDIOS DE HISTORIA DE EMPRESAS. Disponível em:
 <http://redhistoriaempresas.org>. Acesso em: 1º out. 2019.

SAES, A. M.; RIBEIRO, M. A. R.; SAES, F. A. M. de (Org.). **Rumos da história econômica no Brasil**: 25 anos da ABPHE. São Paulo: Alameda, 2017.

SILVA, G. P. da; DALLA COSTA, A. A formação do Grupo Votorantim: as origens de um grupo econômico brasileiro no setor têxtil de São Paulo (1891-1929). **Economia e Sociedade**, v. 27, n. 1, p. 321-354, 2018.

## Atividades de autoavaliação

1. A respeito da teoria que explica como funciona a história de empresas, assinale V para as sentenças verdadeiras e F para as falsas.

   ( ) Uma das pesquisadoras precursoras da teoria do crescimento da firma foi a americana Edith Penrose.

   ( ) A teoria das empresas surgiu e se desenvolveu primeiramente em universidades dos Estados Unidos, dos países da Europa Ocidental e do Japão.

   ( ) Ronald Coase se notabilizou por estudar as empresas modernas dos Estados Unidos, influenciando a historiografia de empresas na segunda metade do século XX.

   ( ) Apesar dos avanços da história de empresas nas últimas décadas na América Latina, ainda não foi desenvolvida uma teoria própria, com exceção de alguns estudos mais aprofundados sobre os grupos econômicos.

Agora, marque a alternativa que indica a sequência correta:

a) V, F, V, V.
b) V, V, F, V.
c) V, F, F, V.
d) V, V, V, F.

2. Considere as afirmativas a seguir a respeito de como se desenvolveu a história de empresas.

01) Foi na Universidade de Harvard, na década de 1920, no Graduate School of Business Administration, que foi ofertada, pela primeira vez, a disciplina de História de Empresas.

03) Para impulsionar os estudos sobre a história de empresas, foi fundamental a criação, em 1926, da Business Historical Society, na Universidade de Harvard.

05) A história de empresas sofreu forte impulso com a contribuição de Joseph Schumpeter, que estudou, sobretudo, a contribuição dos empresários e da inovação para o desenvolvimento econômico.

10) Uma contribuição importante para a evolução da história de empresas foi a publicação de revistas. A Universidade de Harvard publica a *Business History Review* e a Associação Brasileira de Pesquisadores em História Econômica (ABPHE) publica a *História Econômica & História de Empresas*. Em 2019, ambas estavam entre as principais revistas internacionais na área.

Agora, assinale a alternativa que corresponde à soma das afirmativas corretas:

a) 1
b) 9
c) 13
d) 19

3. Analise as afirmativas a seguir:

I) A história de empresas, no Brasil, é ofertada como disciplina só nos cursos de Administração de Empresas das universidades privadas.

II) A história de empresas no Brasil ganhou impulso a partir da fundação da Associação Brasileira de Pesquisadores em História Econômica (ABPHE), que organiza, regularmente, as Conferências Internacionais de História de Empresas.

III) A história de empresas utiliza documentos das firmas, tais como ata de fundação, relatórios anuais, revistas internas, atas da diretoria e dos conselhos, fotos, filmes, *sites* e biografias de empresários. No Brasil, a organização de centros de memória para guardar tais documentos é recente e, em geral, só as grandes empresas demonstram tal preocupação.

Agora, assinale a alternativa correta:

a) Somente as afirmativas I e II são verdadeiras.
b) Somente a afirmativa III é verdadeira.
c) Apenas as afirmativas II e III estão corretas.
d) Todas as afirmativas estão corretas.

4. Considerando a história de empresas na América Latina, assinale V para as alternativas verdadeiras e F para as falsas.
   ( ) A história de empresas se desenvolveu a partir da segunda metade do século XX. Atualmente, todos os países da América Latina contam com suas associações de história de empresas.
   ( ) A história de empresas na América Latina se desenvolveu mais em países como Argentina, México, Colômbia e Brasil.
   ( ) O principal evento que reúne pesquisadores de história de empresas na América Latina é o Congresso Latino-Americano de História Econômica.
   ( ) Atualmente, a internet é muito importante para os estudos da história de empresas. Apesar disso, não há nenhum *site* da América Latina que divulgue as pesquisas e as publicações sobre as firmas.

   Agora, marque a alternativa que indica a sequência correta:
   a) V, V, V, V.
   b) V, F, V, F.
   c) V, F, F, F.
   d) F, V, V, F.

5. Analise as afirmações a seguir:
   08) A história de empresas na América Latina conta com diversos congressos nacionais e internacionais para sua divulgação, bem como com várias revistas científicas.
   16) O primeiro país latino-americano a ofertar a disciplina de história de empresas nos cursos de Administração foi a Argentina.

32) Os primeiros pesquisadores em história de empresas na América Latina foram influenciados por estudos de pesquisadores estrangeiros, sobretudo norte-americanos e europeus.

64) As associações de história econômica presentes em vários países da América Latina, bem como os congressos que organizam e as revistas que publicam, contribuem para a formação de novos pesquisadores em história de empresas.

Agora, assinale a alternativa que corresponde à soma das afirmações corretas:

a) 40
b) 48
c) 96
d) 104

## Atividades de aprendizagem

Questões para reflexão

1. Acesse o *site* de uma empresa multinacional com atuação no Brasil (por exemplo, Bunge, Nestlé, Volkswagen, Ford, Bosch). Veja como o *site* constrói o histórico da firma. Com base nele, tente criar um histórico semelhante da empresa em que você trabalha.

2. Da mesma forma que na atividade 1, acesse o *site* de alguma grande empresa brasileira (Votorantim, Gerdau, Vale, Petrobras) e verifique como se construiu seu histórico. Depois, identifique a empresa que você mais conhece, considerando-se também o acesso a dados e entrevistas, e construa o histórico dessa firma.

## Atividades aplicadas: prática

1. Acesse o *site* <http://abphe.org.br> e escolha um artigo sobre história de alguma empresa em dos números da revista *História Econômica & História de Empresas*. Faça uma leitura atenta e um resumo, destacando: a) a teoria utilizada pelo autor; b) a história da firma; c) as fontes que ele utilizou; d) a articulação entre a teoria e a história daquela firma, caso haja.

2. Para verificar como os pesquisadores em história de empresas usam as fontes primárias, faça você mesmo o exercício de contar a história de uma firma. Vá, por exemplo, à padaria mais perto de sua casa e tente descobrir como iniciou suas atividades e como foi sua história até hoje. Você também pode pesquisar a empresa em que você trabalha. Procure utilizar fontes primárias: ata de fundação, documentos da empresa, entrevistas com o fundador ou com um dos herdeiros. Produza um texto de 3 a 5 páginas.

Capítulo 6
Papel do historiador nas organizações

> *Para o líder que espera conduzir a organização para o futuro, uma das melhores ferramentas talvez seja a fina compreensão do passado da empresa.*
>
> *(Seaman Jr.; Smith, 2019)*

"Não adianta ficar remoendo o passado e gastar dinheiro para recuperar coisas velhas e empoeiradas. O que importa é o presente e o futuro da empresa". Os historiadores que trabalham com memória empresarial (ou organizacional) estão acostumados a ouvir afirmações como essa. Em geral, a história da empresa é lembrada apenas quando a firma quer festejar alguma data importante, como seus primeiros 50 anos, a aposentadoria do fundador ou alguma outra data significativa. Nesse caso, muitas vezes os eventos se resumem a alguma festa comemorativa, um jantar e várias fotos na internet.

Obviamente não somos contra festejar e comemorar datas especiais e aniversários, lançamento de novos produtos ou brindar resultados alcançados, até mesmo porque é preciso levar em conta que muitas empresas desaparecem, indo à falência, antes mesmo de conquistar resultados tão significativos. Ou seja, o sucesso das que permanecem no mercado precisa ser festejado e comemorado. Justamente por causa disso, tanto para essas ocasiões como para a gestão do dia a dia das firmas, torna-se importante o papel do historiador empresarial, que colabora para a organização e, na sequência, a gestão de um bem pensado centro de memória da empresa.

Neste capítulo, você verá que está surgindo uma nova e consistente demanda por historiadores nas empresas. Eles contribuem para recolher documentos (fotos, filmes, cartas, atas de fundação, relatórios anuais, livros de contabilidade), organizá-los e separá-los por temas e/ou períodos históricos. E, mais importante, eles dão sentido aos documentos, fazendo com que forneçam as informações necessárias para os executivos darem conta de seu trabalho. Em seguida, trataremos do papel do historiador como consultor estratégico, destacando o trabalho de assessoria especial para os diretores, mediante o fornecimento de dados e informações que contribuem para um melhor desempenho da firma. Talvez esse seja o papel mais inovador para o historiador, em comparação com a função de professor de crianças e adolescentes ou de pesquisador e professor universitário.

Na parte final do capítulo, apontaremos centros de memória empresarial existentes no Brasil, identificando sua função. Destacaremos, ainda, a nova Associação Brasileira de Memória Empresarial, que agrega os centros de memória mais consolidados. A partir dela, apresentaremos dados mais expressivos da articulação dos centros de memória com a sociedade civil, com as universidades e com o Poder Público. Acreditamos que, dessa maneira, poderão surgir novas oportunidades de trabalho para historiadores.

## (6.1) Demanda por historiadores nas organizações

Você deve ter ouvido falar que, até poucos anos atrás, quem estudava história estava destinado a se tornar professor de ensino fundamental e médio ou, então, fazer pós-graduação e atuar nas faculdades como professor e pesquisador. Trata-se, no entanto, de uma realidade em transformação. Hoje, os historiadores podem tornar-se também investigadores de história de empresas, fazendo importantes diagnósticos culturais, sociais, políticos e econômicos das trajetórias das firmas.

*Agora, quem gosta de história e não quer mergulhar na academia nem dar aulas, pode pensar em trabalhar com memória institucional, uma área que lida com a trajetória e a identidade das empresas e ao mesmo tempo reúne os elementos técnicos e estratégicos das pesquisas históricas mais profundas. É onde vivem os historiadores corporativos.* (Zandonadi, 2015)[1]

Com a função de coletar e trabalhar informações históricas de uma organização, a memória corporativa começou a ganhar corpo no Brasil, principalmente nos anos 1990. De início, a maior parte do trabalho dos historiadores estava voltada para pesquisar datas oficiais, escrever livros contando a história da firma ou organizar exposições. A ideia era mostrar "as coisas boas e bonitas" da empresa. Com o tempo, o mercado foi ficando desafiador, fazendo surgir a necessidade de criar outras estratégias para lidar com o conteúdo e estruturá-lo no contexto da sociedade em que a firma se desenvolveu.

### Fique atento!

Quando falamos em memória da empresa ou da organização, estamos nos referindo, também, a um tratamento arquivístico. Essa memória pode ser erguida em depoimentos ou entrevistas, quando o historiador dá voz às pessoas, bem como pode ser embasada na museologia, que trata o acervo de dentro para fora.

Você pode estar se perguntando, então, como o profissional deve proceder. Ele pode fazer de tudo um pouco. Em geral, o que ocorre é que equipes de consultoria em memória institucional fazem um

---

[1] A parte seguinte do texto, foi baseada em: ZANDONADI, V. *Profissões do futuro: historiadores corporativos.* **Estadão**, 22 jul. 2015. Disponível em: <https://educacao.estadao.com.br/noticias/geral,profissoes-do-futuro-historiadores-corporativos,1730012>. Acesso em: 8 out. 2019.

diagnóstico mapeando o conteúdo e orientam a empresa em relação ao seu uso, propondo também o desenvolvimento de produtos, tais como um livro, um evento, uma biblioteca, uma mostra cultural aberta ao público ou uma campanha interna.

De acordo com Zandonadi (2015), quando documenta o patrimônio cultural, intelectual e de experiência, o historiador se converte em uma espécie de investigador analítico, e em um criativo contador de histórias. Sua função não é somente organizar tudo o que compõe aquele organismo em acervos, exposições, depoimentos, mas também dar um sentido ao conteúdo que surge da pesquisa e da organização documental. Ele ajuda empresas, organizações e instituições a conhecer mais profundamente a própria trajetória e, por meio dela, refletir e estabelecer conexões com o negócio e a sociedade.

Surgem muitos caminhos e diversos desafios na análise dos temas. Isso porque, em primeiro lugar, não são apenas os historiadores que trabalham esses temas. Os profissionais nos centros de memória compõem times multifacetados. São pesquisadores e escutadores talentosos de diversas áreas, como jornalistas, arquitetos, arquivistas, relações públicas, antropólogos, sociólogos, museólogos, bibliotecários e especialistas na conservação de objetos e documentos. A partir do resgate da documentação, surge o trabalho analítico, de oferta de dados e informações para subsidiar as ações dos executivos em seu dia a dia.

Há, igualmente, uma série de formatos entre os quais as empresas podem decidir. É possível organizar acervos e montar exposições de coleções, produzir catálogos, livros, filmes, cursos, espetáculos, intervenções artísticas e, ainda, instalar um centro de memória na empresa. A história continua a ser contada todos os dias. Bem administrado, esse núcleo existe em caráter permanente e tem muito valor.

Zandonadi (2015) afirma que há oito consultorias de memória institucional no Brasil, as quais são referência no trabalho que desenvolvem. Elas foram contratadas por 329 empresas de grande porte. No entanto, esse ainda é um mercado pouco explorado, com tendência a crescer no curto e médio prazo.

Esses dados nos ajudam a compreender a demanda por historiadores nas organizações. Contudo, trata-se de um trabalho diferente do serviço tradicional dos historiadores no ensino fundamental e médio ou nas pesquisas acadêmicas. Nas firmas, o historiador produz a pesquisa e o conteúdo, que tem uma linguagem não acadêmica, voltada à comunicação com um público amplo. Ele não pode se manter no papel do historiador convencional. Em seu novo papel nas instituições, o profissional de história interliga a trajetória das firmas com o público, mostra como evoluiu o percurso da memória da empresa e usa esses elementos arquivísticos para assessorar as demandas dos executivos.

## (6.2)
## O HISTORIADOR COMO GESTOR DE ARQUIVOS

O historiador tem um papel amplo para a gestão dos arquivos de uma organização. Sua contribuição começa, em geral, com a seleção dos documentos (impressos, fotográficos, filmes, internet) que merecem e devem ser preservados no centro de memória da empresa. Em seguida, realiza a tarefa mais importante, que é a de organizar esses documentos e fazer pesquisas que se tornem úteis na gestão do dia a dia da firma.

## Para refletir

Para verificar como proceder na hora de organizar os documentos, sugerimos o texto de Bottalo et al. (2009): *Manual de procedimentos para processamento técnico do acervo Centro de Memória Bunge*. O material, escrito após a experiência da organização dos documentos dessa empresa, contribui para que profissionais da área possam, na prática, organizar centros de memória de acordo com normas técnicas nacionais e internacionais.

As autoras destacam os objetivos específicos do Centro de Memória Bunge, elucidando qual é a contribuição da preservação documental para os interesses das companhias. Bottalo et al. (2009, p. 4) entendem que os centros de memória empresarial guardam semelhanças com outras instituições de custódia de documentos, como museus, arquivos e bibliotecas. Contudo, ressaltam especificidades sobre a constituição do acervo dos centros de memória, sobre a característica dos documentos preservados, sobre o processamento técnico e sobre perfil do público.

Podemos ressaltar, ainda, duas questões importantes a serem consideradas. A primeira diz respeito à formação da equipe profissional responsável pelo centro. No caso do Centro de Memória Bunge, são pessoas formadas em História, Letras, Museologia e Arquivologia. Você pode estar se perguntando se é sempre necessário manter uma equipe tão diversificada. Na maioria dos casos, inicialmente a empresa contrata um profissional que tenha noções de história e arquivologia e, na medida do necessário, incorpora outros profissionais.

A segunda questão está relacionada aos procedimentos técnicos, ou seja, à função a ser desempenhada pelos profissionais. Trata-se de um trabalho de: "a) reunir; b) organizar; c) descrever; d) preservar; e) tornar acessíveis os documentos depositados no Centro de Memória Bunge para o atendimento à pesquisa" (Bottalo et al., 2009, p. 6).

Autores como Totini e Gagete (2004) dividem os diferentes produtos de memória empresarial em sete categorias, como podemos observar no Quadro 6.1.

Quadro 6.1 – Categorias de produtos de memória empresarial

| Itens | Descrição |
|---|---|
| Livro histórico – Institucional | É uma publicação gráfica que contempla os pontos mais importantes da história e memória, além de suas inter-relações com o contexto histórico da organização. |
| Outras publicações Institucionais, vídeos e CD-ROM | Nesses casos, podem constar biografias, históricos de produtos, linhas de serviços, depoimentos e estudos específicos. |
| Relatórios Internos | Semelhantes aos já descritos, porém destinados ao público interno. |
| Conteúdos para Internet / Intranet | São mais consistentes que apenas tradicionais linhas do tempo. |
| Showroom / Museu empresarial | Meio físico que pode transformar-se em importantes interfaces com a comunidade, mostrando tradição e a história e memória da empresa. |
| Exposições e Produtos de Suporte | São produtos de pesquisa que podem a vir a oferecer suporte em diversas áreas que necessitam de instrumentos de divulgação ou reforço. |

*(continua)*

*(Quadro 6.1 – conclusão)*

| Itens | Descrição |
|---|---|
| Centros de Memória e Documentação | "Constituem-se como setores responsáveis pela definição e aplicação de uma política sistemática de resgate, avaliação, tratamento técnico e divulgação de acervos, principalmente, pelos serviços de disseminação do conhecimento acumulado pela empresa e de fontes de interesse histórico". (Totini; Gagete, 2004, p. 125). |

Fonte: Totini; Gagete, 2004, citadas por Carvalho, 2014, p. 4.

Observando os diferentes produtos da memória empresarial, percebemos que o papel do historiador vai muito além de um simples gestor de arquivos.

Com base na análise de Borrego e Modenesi (2013), podemos afirmar que o papel de historiadores, arquivistas e demais profissionais envolvidos é ainda mais complexo.

> Via de regra, além de conduzir a organização do acervo, os profissionais do Centro de Memória também são responsáveis pela manutenção dos recursos de infraestrutura, pela qualificação dos recursos humanos, pelo atendimento aos usuários e pela disponibilização dos serviços e da informação via ferramentas tecnológicas. Portanto, pesquisadores, historiadores, arquivistas e administradores de Centros de Memória se deparam com uma série de atribuições cotidianas que exigem permanentemente os seguintes procedimentos: i) encaminhar a captação e o tratamento técnico sistemático de diferentes tipos de documentos e informações; ii) disponibilizar acervos aos gestores e públicos de relacionamento, mediante adoção prévia de critérios específicos; iii) propor e validar políticas de gestão da memória da organização; iv) dar suporte aos gestores no desenvolvimento de projetos relacionados à memória; v) fornecer subsídios para o desenvolvimento de produtos da informação e canais de disseminação (portais, publicações, exposições, bases de dados, entre outros); vi) propor e desenvolver produtos da informação e de divulgação. (Borrego; Modenesi, 2013, p. 214)

O papel dos historiadores e demais profissionais também pode ser verificado, na prática, por meio da análise de um caso internacional. Vejamos como as informações históricas foram usadas para relatar a aquisição da Cadbury pela Kraft Foods, tal como foi descrito por Seaman Junior e Smith (2012).

A aquisição da Cadbury pela Kraft Foods ocorreu em 2010. Com a compra nasceu a líder mundial do mercado de alimentação e guloseimas. Antes da fusão, em 2008, a Kraft Foods era a segunda maior do setor de alimentação, atrás da Nestlé. A Cadbury, por sua vez, era vice-líder no setor de guloseimas, atrás da Mars. Para você entender melhor o tamanho da operação, o faturamento da Kraft era de US$ 41,9 bilhões, e o da Cadbury, de US$ 530 milhões. A primeira tinha 98 mil funcionários em 155 países, enquanto a segunda tinha 45 mil funcionários em 60 países (Gazeta do Povo, 2010).

A administração da Cadbury era contrária à aquisição. Muitos de seus 45 mil funcionários temiam a perda dos valores da organização e da qualidade do produto que deu fama e dinheiro à empresa. Aliás, garantir os valores historicamente desenvolvidos dentro da firma é sempre um dos maiores desafios quando ocorre uma fusão ou aquisição entre companhias.

*Na tentativa de facilitar o processo, a cúpula executiva recorreu aos velhos arquivos da Kraft. Rapidamente, arquivistas da empresa lançaram, na intranet, o site "Coming Together" (numa tradução livre, "unindo forças"). Ali, celebravam as trilhas paralelas percorridas por Kraft e Cadbury.*

*Ao analisar o material histórico, tinham encontrado farta evidência de valores comuns às duas. A apresentação martelava esses temas comuns.*

*Um exemplo: ambos os fundadores, James L. Kraft e John Cadbury, eram religiosos, homens cuja fé tivera forte influência na condução dos negócios.*

*Ambos haviam se empenhado em criar produtos de qualidade para a clientela. Numa época em que a mão de obra costumava ser vista como algo indiferenciado, ambos valorizavam o trabalhador. E ambos acreditavam em retribuir à comunidade. Além do perfil dos fundadores, o site trazia cronologias interativas, célebres imagens publicitárias, breves documentários em vídeo e dezenas de histórias pormenorizadas de marcas como Oreo (biscoitos), Maxwell House (café), Ritz (bolacha) e, agora, Cadbury (chocolates) e Halls (balas) – tudo feito para mostrar como as principais marcas da Kraft e da Cadbury tinham chegado até ali, ao ponto no qual ocupavam lado a lado as gôndolas de supermercados.* (Seaman Junior; Smith, 2012)

Os historiadores e arquivistas contribuíram para produzir um documentário intitulado *Crescendo juntas*, que narrava fusões anteriores feitas pela Kraft. Ao fazer referência à união com a Cadbury, sugeria que a união das duas significava um caminho em direção ao futuro, como uma firma maior e mais unida. O material arquivado no centro de memória, associado à ação dos historiadores, mostrou que ambas tinham valores comuns. Dessa forma, a fusão ocorreu de forma mais harmoniosa, se comparada às fusões anteriores da Kraft.

### Preste atenção!

Fusões e aquisições são comuns entre empresas, mesmo entre concorrentes históricas e tradicionais. No Brasil, há dois grandes exemplos relativamente recentes: a fusão da Antarctica com a Brahma, formando a Ambev, em 1999, e a da Perdigão com a Sadia, formando a BRF-Brasil Foods, em 2009. Ambas se tornaram grandes companhias, inclusive com forte atuação internacional.[2]

---

2 *Para entender a história da Ambev, você pode consultar, entre outros:* CORREA, C. **Sonho grande:** *como Jorge Paulo Lemann, Marcel Telles e Beto Sicupira revolucionaram o capitalismo brasileiro e conquistaram o mundo.* São Paulo: Primeira Pessoa, 2013. *Para detalhes sobre a criação da BRF, consulte:* DALLA COSTA, A.; SANTOS, E. de S. *Brasil Foods: a fusão entre Perdigão e Sadia.* **Economia & Tecnologia**, *ano 5, v. 17, p. 165-176, 2009.*

Percebemos, então, que a história, a documentação e a atuação dos historiadores colaboraram para o processo de fusão das duas firmas. Eis uma das razões para a criação e preservação dos centros de memória. Um bom conhecimento do histórico e dos valores da firma pode ajudar, por exemplo, os executivos quando eles buscam motivar os funcionários a atingir determinadas metas. Nesse caso, podem recorrer a outros momentos históricos nos quais a firma superou grandes dificuldades e conquistou vitórias brilhantes. O desafio do líder, portanto, é encontrar o passado "utilizável" da organização.

Segundo Seaman Jr. e Smith (2019), podemos afirmar que

> *o uso efetivo da história depende de um respeito genuíno por aquilo que esta tem a ensinar e da crença de que, nela, residem não só anedotas para adornar discursos de executivos, mas também a verdade profunda da organização. Isso requer hábitos mentais que a disciplina da história pode oferecer.*

Fica evidente, portanto, a importância dos profissionais (historiadores, arquivistas e outros), assim como dos centros de memória empresarial. Quanto antes as firmas constituírem os próprios centros de memória, mais cedo poderão beneficiar-se de um abalizado centro de pesquisas, capaz de fornecer respostas às grandes questões de seus executivos.

## (6.3)
## O HISTORIADOR E SEU PAPEL DE CONSULTOR ESTRATÉGICO

Quando, em geral, se contratam historiadores em uma empresa, as festas podem ser uma boa oportunidade para iniciar um processo de formação de um centro de memória. De que maneira isso acontece? Para realizar esse trabalho, o historiador (também pode ser um jornalista ou outro profissional) precisa resgatar a história da organização. Como ele pode obter as informações necessárias para contar a história da firma e elaborar uma boa biografia do empreendedor?

O historiador pode começar, por exemplo, reunindo documentos da firma: sua ata de fundação, atas das primeiras reuniões da diretoria, análises de consultores contratados pela empresa, relatórios anuais, estudos para a abertura de capital, fotos, filmes, *folders*, embalagens históricas de produtos, *sites*, e assim por diante.

Tanto para o histórico quanto para as biografias[3], outra fonte de dados fundamental são as entrevistas com o próprio fundador, seus familiares, parentes e amigos, concorrentes e ex-funcionários aposentados. Essa documentação, se organizada, recuperada e bem preservada, pode se tornar o início de um bom centro de memória.

Uma vez que o centro de memória exista de fato, o papel do historiador continua sendo o mesmo: buscar, selecionar, organizar, preservar e manter a documentação. Os centros de memória mais desenvolvidos mantêm, aliás, uma sala com temperatura controlada para preservar os documentos. É importante destacar que os centros devem estar em constante expansão e transformação. O historiador deve pesquisar continuamente a fim de localizar documentos necessários para embasar as tomadas de decisão dos diferentes executivos.

---

3   Para uma análise detalhada de como os documentos e as biografias contribuem na reconstituição histórica das firmas, veja o texto de Dalla Costa (2017b). Aqui destacamos apenas dois exemplos de história de empresas e biografias, escolhidos aleatoriamente. Sobre o primeiro, consulte: HUMBERG, M. E. **Santista Têxtil**: uma história de inovações, 75 anos. São Paulo: CLA Comunicações, 2004; TEIXEIRA, F. M. P. **Sadia**: 50 anos construindo uma história. São Paulo: Prêmio, 1994. Sobre o segundo, consulte: MARCOVITCH, J. **Pioneiros e empreendedores**: a saga do desenvolvimento no Brasil. São Paulo: Edusp, 2003. 3 v.; SAUER, W. **O homem Volkswagen**: 50 anos de Brasil. São Paulo: Geração, 2012.

> **Fique atento!**
>
> Imagine que um diretor de *marketing* resolve fazer uma campanha para lançar uma nova versão de um produto. Para isso, ele recorre ao historiador da firma, que pesquisa os diferentes rótulos que esse produto teve desde seu lançamento, décadas antes. Dessa forma, a empresa mostra aos consumidores que aquela mercadoria tem uma tradição, fazendo parte da vida da família desde os tempos dos avós. Adicionalmente, demonstra que a empresa sempre esteve empenhada em aperfeiçoar o produto, de acordo com novas necessidades.

A pesquisa histórica também é útil a outros setores da companhia, como o jurídico. O historiador pode, por exemplo, levantar evidências para embasar uma disputa de antiguidade de marcas com uma concorrente. Esse profissional também pode ajudar o diretor contábil a entender como a firma fez sua prestação de contas ao longo de um século, considerando-se diferentes legislações e moedas.

Com o centro de memória instalado, o historiador tem a responsabilidade de organizar a documentação por temas. No caso da experiência do Centro de Memória Bunge, vemos que a organização permite:

a) elaborar estudos que demonstrem como a firma contribuiu para o avanço do agronegócio brasileiro investindo em pesquisas e incentivando os agricultores a atuar em novos produtos (soja, por exemplo);

b) organizar documentos que possibilitem escrever a história de uma firma específica (no caso da Bunge Brasil: Sanbra, Moinho Santista, Moinho Fluminense, Santista Têxtil, outras das 127 empresas que a *holding* chegou a ter no começo da década de 1990).

No Centro de Memória Votorantim, há documentos que revelam o avanço da industrial têxtil em São Paulo e no país, as mudanças no setor de produção de cimento, o avanço das tecnologias empregadas nas fábricas do grupo, inovações em produtos e processos etc.

Citamos apenas dois exemplos de centros de memória. No entanto, há vários outros, que veremos a seguir, neste capítulo. Você também pode acessar os respectivos *sites* e conhecê-los em detalhes. Por fim, podemos afirmar que, a partir de um centro de memória bem organizado e preservado, um historiador preparado pode dar importante contribuição, tornando-se uma espécie de consultor para tornar as firmas mais eficientes.

Para destacar a importância dos historiadores como consultores empresariais, vamos relatar um caso brasileiro e um internacional. O primeiro diz respeito à International Business Machine (IBM), gigante da área de informática fundada no século XIX. O segundo é o da Bunge Brasil, uma das filiais internacionais da multinacional criada na Bélgica, em 1818. A descrição da IBM que resumimos aqui foi feita pelos historiadores de empresas John T. Seaman Junior e George David Smith (2019), da Universidade Harvard.

Para os que conhecem a história empresarial moderna, a imagem atual da IBM é a de uma empresa de destaque, muito sólida internacionalmente. Entretanto, há algumas décadas, chegou à beira da falência. Naquele momento, precisava de um executivo que rompesse com o passado e recuperasse a firma, realizando uma transição profunda e complexa.

Quando Louis Gerstner Jr. foi chamado para liderar a IBM, em 1993, tornou-se o primeiro executivo de fora da companhia a assumir o comando. Teve, portanto, de assumir uma firma em que os principais executivos tinham feito toda a sua carreira dentro dela. Gerstner não tinha experiência nem na IBM nem na indústria de informática. No entanto, contava com excelente currículo como líder. De todo modo, ele não tinha tempo a perder. Depois de décadas de prosperidade, a IBM acabava de registrar um prejuízo de bilhões de dólares. A situação era drástica. Em coletiva à imprensa logo depois de assumir o cargo, Gerstner deu uma declaração que ficou para a história: "Estão todos querendo saber quando irei apresentar uma visão para a IBM, [mas] a última coisa que a IBM precisa agora é de uma visão" (Seaman Junior; Smith, 2019). A tarefa em mãos, disse o executivo, era tomar decisões difíceis para fazer as distintas unidades de negócios competirem com mais eficácia. E rápido.

Embora não houvesse tempo para a visão, havia para colocar as coisas em perspectiva histórica. Se Gerstner sentia de fato reverência pela história da IBM ou apenas desejava passar essa imagem aos funcionários, não importa. O fato é que o executivo foi rapidamente adquirindo domínio dos principais fatos relativos à tradição e à cultura da empresa.

*Nas 370 páginas de memórias sobre seu mandato, Gerstner emprega 40 vezes as palavras "história", "tradição" ou derivados e 130 vezes a palavra "cultura". "Tradição" subentendendo em geral o quanto a IBM virara vítima de um comportamento autômato coletivo que a impedia de se adaptar a novas dinâmicas no mercado.*

*[...]*

*Mas a história da IBM não se resumia à perda da liderança. Era mais que isso: era uma aula sobre valores organizacionais na base dos êxitos passados – valores que podiam ajudar a companhia a voltar a triunfar no vertiginoso universo da alta tecnologia, com sua inextricável associação entre computadores, sistemas de informática e telecomunicações.*

*[...]*

*Armando Dalla Costa*

Essa simples constatação ajudou Gerstner a lançar a IBM em áreas mais rentáveis como desenvolvimento de software(sobretudo middleware) e consultoria. Por ter promovido mudanças drásticas na organização e na gestão da IBM, além de cortes de custos e de pessoal (para depois contratar gente nova, com formação e competências novas), Gerstner era visto por veteranos da casa como alguém que rompia um acordo tácito, ungido pelo tempo: a promessa implícita de que o emprego na IBM era para todo o sempre. Mas, ao mesmo tempo, Gerstner reinstituía o foco no cliente, que perdera força com o passar dos anos. Com mão firme, foi endireitando o barco. De 1993 a 2001, o resultado líquido da IBM saltou de um prejuízo de US$ 8,1 bilhões para um lucro de US$ 7,7 bilhões. O fluxo de caixa mais do que dobrou e o valor de mercado da empresa foi multiplicado por dez, numa das maiores viradas empresariais da história. (Seaman Junior; Smith, 2012)

O caso da IBM mostra como uma boa leitura da história da firma contribui para a saúde financeira das empresas. No caso da Bunge Brasil, a pesquisa sobre a documentação do Centro de Memória Bunge teve a contribuição fundamental da historiadora Viviane Morais[4] e de outros profissionais, de formações diversas, que ajudaram o diretor jurídico a solucionar vários imbróglios em sua área.

Um dos problemas ocorreu em torno da criação da marca Tintas Coral. O fato foi relatado no Centro de Memória em 24 de agosto de 2005, quando a Bunge enfrentava um processo jurídico sobre a comprovação da marca. Após pesquisa na Coleção Tintas Coral, os historiadores do Centro de Memória Bunge encontraram uma cópia

---

4 Viviane Lima de Morais é doutora em história pela Pontifícia Universidade Católica de São Paulo (PUC-SP). Desde 2004, atua em instituições de preservação do patrimônio histórico e cultural. Atualmente, é responsável pela Gestão de Ações Internas e Pesquisas Históricas do Centro de Memória Bunge, na Fundação Bunge.

autenticada da Ata da Assembleia Geral de formação das Tintas Coral de 1954, que demonstrava cabalmente que a marca havia sido definida com anterioridade. Com isso, o documento foi encaminhado ao setor jurídico, desfazendo as dúvidas.

Outro caso se referia ao dossiê *Margarina Delícia*, sobre uma ação aberta pela Unilever contra a Bunge quanto à propriedade da expressão *nhac*, em disputa com a margarina concorrente Claybom, pertencente à Unilever. O *case* foi resolvido pelos historiadores do Centro de Memória Bunge e registrado em 21 de outubro de 2005. Após pesquisa nos documentos do centro de memória, os historiadores puderam comprovar que o *nhac*[5] das bolachas da Bunge era mais antigo que o da Unilever. Com esses documentos, o setor jurídico da Bunge conseguiu reverter o caso e ainda processar a concorrente por apropriação indevida da campanha.

Apresentamos alguns exemplos do novo papel dos historiadores como consultores estratégicos e fornecedores de dados e informações para executivos de diferentes áreas das companhias. Neste último caso, percebemos uma dinâmica bastante diferente do ritmo tradicional do historiador na condição de professor e/ou pesquisador. A demanda empresarial pode ser "para hoje" ou, no máximo, "até amanhã". O tempo longo da historiografia tradicional é um tanto diferente do tempo rápido e urgente do mundo dos negócios. O historiador precisa se adaptar a essa nova realidade.

Seaman Junior e Smith (2019) fornecem outras orientações para fazer da história uma aliada da empresa. As dicas a seguir são

---

5   Você pode também verificar a propaganda on-line *em*: COMERCIAL – *Claybom nhac, nhac, bom (1988). Disponível em*: <https://www.youtube.com/watch?v=nPzn47DCzw>. Acesso em: 7 out. 2019.

direcionadas especialmente aos fundadores e principais executivos das empresas.

- Visite os arquivos da empresa ou comece a montá-los. Qualquer iniciativa para entender ou alavancar a história da companhia depende da qualidade da matéria-prima (documentos, atas, relatórios, entrevistas, fotos, filmes, imagens e informações de internet) que o centro de memória possa colocar à sua disposição.
- Enriqueça seus arquivos com entrevistas com executivos que estão se aposentando ou com os funcionários mais antigos, detentores de conhecimento especializado em produtos, em processos, em inovação, em *marketing* e nos demais setores da firma. Entreviste também críticos ao modelo de funcionamento da firma. Esses depoimentos podem contribuir com detalhes que passarão despercebidos se não forem recuperados em seu devido tempo.
- Faça um levantamento do que é conhecido e entendido sobre a história e os valores da empresa. Isso o ajudará a separar fato de ficção, a identificar elos perdidos que precisam de sua atenção e a começar a entender como a história molda percepções sobre a empresa nos dias de hoje.
- Facilite o acesso à história de pessoas, produtos, marcas, tecnologias. Use tudo o que a tecnologia moderna oferece para garimpar histórias da empresa e envolver os públicos interno e externo num constante diálogo sobre o sentido desse passado para o trabalho atual da firma.
- Promova avaliações *a posteriori* de grandes projetos e iniciativas, tanto dos que deram certo como dos que falharam. Entenda que é possível aprender tanto com os acertos como com os erros.
- Busque sempre a perspectiva histórica antes de tomar uma decisão importante. Não importa se essa decisão for sobre uma nova

estratégia, um grande investimento, uma aquisição, uma campanha de *marketing*, uma nova iniciativa de comunicação. A história da firma lhe mostrará como os executivos, seus antecessores, agiram no passado.

- Aproveite cada oportunidade para falar da história (sobre lideranças carismáticas, inovações revolucionárias, impactos decisivos) e sobre o que a história diz da empresa que vocês são hoje, ou que almejam ser.

## (6.4) Centros de memória empresarial do Brasil

A instalação de centros de memória empresarial é recente no Brasil, diferentemente de que ocorre nas históricas e tradicionais empresas europeias, japonesas e norte-americanas, que mantêm esses espaços há mais tempo. Felizmente, nas últimas décadas, o tema tem despertado o interesse tanto de acadêmicos (Rowlinson et al., 2010) como no âmbito empresarial (Worcman, 2004).

O interesse de instituições e do público em geral também se multiplica na mesma "proporção em que cresce o número de entidades – empresas, associações, comunidades – preocupadas com suas "memórias" (Alberti, 1996, p. 1).

Os primeiros arquivos que se transformaram, aos poucos, em centros de memória empresarial surgiram na Europa, no início da década de 1920. Empresas alemãs, como Krupp e Siemens, tornaram-se pioneiras criando serviços de arquivos de caráter histórico, nos anos de 1905 e 1907, respectivamente (Totini; Gagete, 2004). Depois disso, foi preciso aguardar as décadas de 1940 e 1950 para que, nas escolas americanas, "o viés de análise mudasse o foco, ultrapassando o estudo das empresas no panorama econômico geral, para enfatizar os processos internos de mudança organizacional em relação à competição tecnológica e mercadológica" (Totini; Gagete, 2004, p. 114). Foi dessa forma que história e memória institucional passaram a se institucionalizar. Na década de 1970, foram criados, na estrutura organizacional das empresas, cargos estratégicos de "historiadores e arquivistas", que, conforme Totini e Gagete (2004, p. 115), "ficavam responsáveis não só pela preservação, mas também pela exploração dos acervos, valorizando o potencial analítico da história da firma para a empresa".

No Brasil, como mencionamos, a iniciativa de criação dos centros de memória empresarial é mais recente. Um dos trabalhos que contribuiu para chegarmos aos atuais centros de memória foi o projeto denominado *Pioneiros & Empreendedores: A Saga do Desenvolvimento no Brasil*[6]. O trabalho foi coordenado pelo professor Jacques Marcovitch, ex-reitor da Universidade de São Paulo (USP), e desenvolveu-se nas dependências da Faculdade de Economia, Administração e Contabilidade (FEA/USP).

Tal projeto gerou, além de ampla pesquisa teórica e sobre fontes primárias, diversos produtos. Um deles foi a publicação de uma trilogia que trata de vinte e quatro pioneiros e empreendedores que atuaram no país na segunda metade do século XIX e primeira metade do século XX. Além dos livros publicados, foram realizados três seminários, com depoimentos de especialistas, colegas e descendentes dos 24 biografados, que enriquecem as histórias contadas, apontando perspectivas para o entendimento das trajetórias dessas pessoas que

---

6 Mais informações sobre o projeto e seus resultados, você pode encontrar em: PIONEIROS & EMPREENDEDORES. Disponível em: <http://pioneiroseempreendedores.com.br/index.html>. Acesso em: 24 ago. 2019.

construíram as bases da indústria e economia brasileiras. O projeto também contou com pesquisa iconográfica, que envolveu a colaboração dos centros de memória empresariais, de acervos privados e da Escola de Comunicações e Artes da USP.

Outro produto desse projeto foi a organização de exposições itinerantes com o material recolhido. A primeira ocorreu no Rio de Janeiro, no Museu Histórico Nacional, entre 29 de setembro a 28 de novembro de 2010. A segunda se realizou em Fortaleza, no Espaço Cultural Unifor, entre 15 de fevereiro e 15 de julho de 2012. A terceira foi em Manaus, no Centro Cultural Palácio da Justiça, entre 6 de junho e 4 de agosto de 2013; por fim, a quarta ocorreu no Museu do Estado de Pernambuco.

Entretanto, o produto do projeto que mais nos interessa aqui foi a organização de material histórico: fotos, filmes, documentos como cartas, livros de contabilidade, atas de fundação, atas da diretoria, atas de reuniões de conselhos de administração, relatórios anuais de empresas, revistas internas das firmas, entrevistas e uma série de outros que, em seguida, contribuíram para a constituição de muitos dos atuais centros de memória empresarial.

Algumas empresas investiram na formação de centros de memória que, além de guardarem seus documentos, servem para a gestão do dia a dia da firma, para a divulgação da empresa, para pesquisas históricas sobre o desenvolvimento da própria empresa, mas também para o conhecimento acerca da própria história industrial do país.

## Centro de Memória Bunge

O Centro de Memória Bunge (CMB[7]) está localizado em São Paulo, na sede da empresa, e faz parte da Fundação Bunge, fundada no primeiro cinquentenário da firma no país (Dalla Costa; Silva, 2018). O CMB, por sua vez, foi criado em 1994, tornando-se um dos mais completos acervos de memória empresarial do Brasil, com materiais diversos, como documentos cartográficos, iconográficos, filmográficos e textuais, entre outros[8]. São documentos que registram mais de 100 anos de memória da Bunge Brasil, que chegou ao país em 1905, associando-se ao Moinho Santista. Para facilitar o acesso ao público e compartilhar o aprendizado construído, o CMB disponibiliza seu acervo *on-line*, que você pode consultar no *site*.

Os principais objetivos do CMB são os seguintes:

a) promover a preservação da memória e, em particular, da memória empresarial;
b) atuar como suporte estratégico para diversos setores da empresa, ou seja, ser ferramenta de gestão;
c) legitimar a relação da empresa com a sociedade.

---

7   Para mais detalhes, consulte: FUNDAÇÃO BUNGE. *Centro de Memória Bunge. Disponível em:* <http://www.fundacaobunge.org.br/programas/centro-de-memoria-bunge/>. Acesso em: 30 jan. 2020.

8   O *Centro de Memória Bunge dispõe de registros sobre a história da indústria e do agronegócio, da arquitetura, do design, do* marketing *e da propaganda. Em 16 anos, acumulou mais de 600 mil imagens (fotos em papel, diapositivos de vidro, cromos, gravuras, pinturas e mapas), 1.300 caixas com documentos variados, 3 mil peças de audiovisual (VHS, U-matic, Super 8, fitas cassetes, CDs e DVDs), mais de 1.200 peças que documentam a evolução de costumes, técnicas e processos industriais,* design, marketing *e propaganda, 100 horas de depoimentos de colaboradores Bunge, contando mais de 200 mil pessoas atendidas (CMB, 2010, p. 27).*

Já o Manual de procedimentos para processamento técnico do Acervo Centro de Memória Bunge, escrito por Bottalo et al. (2009, p. 4), destaca a importância dos profissionais e da preservação dos documentos para a gestão diária das companhias. Os objetivos desses profissionais são:

a) otimizar o acesso à documentação para o atendimento à pesquisa[9];
b) descrever os procedimentos de trabalho com os instrumentos de pesquisa;
c) orientar a equipe de processamento técnico sobre procedimentos normalizados;
d) orientar sobre procedimentos de preservação dos documentos.

*Centro de Memória Votorantim*

O Centro de Memória Votorantim[10] foi fundado numa das sedes da empresa, na cidade de São Paulo, em 2002, mas aberto ao público somente em 2005. Seu objetivo é recolher, organizar e preservar a memória da firma, além de disponibilizar os documentos para o trabalho da diretoria e para consulta pública. O Centro de Memória Votorantim foi criado com o intuito de apresentar a companhia e de

---

9    Para verificar como as pesquisas no Centro de Memória Bunge contribuem para a produção acadêmico-científica, consulte entre outros: DALLA COSTA, A.; SILVA, G. P. da. Bunge and his First Fiftieth Anniversary in Brazil (1905-1955): the Construction of an Economic Group. **Investigaciones de Historia Económica**, v. 14, p. 199-209, 2018; DALLA COSTA, A.; SILVA, G. P. da. Bunge e Sanbra: formação de grupos econômicos no Brasil (1923-1994). **America Latina en la Historia Económica**, v. 27, n. 1, 2020.

10   Para mais detalhes, consulte o site: MEMÓRIA VOTORANTIM. Disponível em: <http://www.memoriavotorantim.com/>. Acesso em: 24 ago. 2019.

preservar a história empresarial[11]. Em 2003, foi inaugurado o Projeto de Memória Votorantim, com os depoimentos dos funcionários sobre suas histórias dentro da firma. No mesmo ano, foi inaugurada uma exposição sobre os 85 anos do Grupo Votorantim, aberta ao público, com dados da companhia.

Conhecida principalmente pela produção de cimento, a Votorantim atua em vários setores. Trabalha com metais, celulose e papel, agroindústria, química, entre outros. Na área de cimentos, a Votorantim atua em 13 países. Está entre as cinco maiores produtoras mundiais de zinco, mantendo cinco operações industriais no Estado de Minas Gerais, e possui uma refinaria de zinco no Peru. Em 2018, o Grupo Votorantim completou 100 anos, sendo um dos maiores conglomerados econômicos e familiares do país.

*O acervo do Memória Votorantim é composto por mais de 600 mil itens, catalogados e guardados em reserva técnica. São fotografias, documentos, objetos, áudios e filmes que contam a história da Votorantim, da família empresária Ermírio de Moraes e, consequentemente, um pouco da história do Brasil.*

*A documentação de constituição e comunicação das empresas nos permite entender as circunstâncias e os entremeios da formação dos negócios da Votorantim, bem como perceber os procedimentos técnicos, jurídicos e*

---

11 *Uma das funções do Centro de Memória Votorantim é interagir com as universidades no sentido de colaborar para o resgate da história da própria empresa, mas também do desenvolvimento econômico e industrial do país. Para verificar os resultados alcançados com essa parceria, você pode verificar os seguintes textos: SILVA, G. P. da; DALLA COSTA, A. A formação do Grupo Votorantim: as origens de um grupo econômico brasileiro no setor têxtil de São Paulo (1891-1929).* **Economia e Sociedade***, v. 27, n. 1, p. 321-354, 2018; SILVA, G. P. da; DALLA COSTA, A. S.A. Fábrica Votorantim e o setor têxtil paulista (1918-1939): os caminhos que levaram o grupo da falência à liderança industrial.* **Nova Economia***, v. 28, n. 2, p. 579-607, 2018.*

*sociais que envolvem a produção industrial nacional ao longo do último século.* (Memória Votorantim, 2019)

No centro de memória, entre outros elementos, há um espaço onde são conservadas as memórias da companhia. Nele, estão armazenados mais de 500 documentos, entre fotos e vídeos. O centro de memória preserva toda a documentação, desde o início do histórico da firma. Dispõe também de sala com temperatura adequada para melhor conservação dos documentos. Parte dos arquivos preservados ajuda a resgatar a contribuição de Antônio Ermírio de Moraes para o histórico da companhia. Aliás, no *site* da Votorantim, há uma edição de livro em sua homenagem, tanto em português como em inglês.

*Centro de Memória Bosch*
O Centro de Memória Bosch foi criado em 2003. O objetivo é resgatar, organizar e preservar o patrimônio histórico-cultural da empresa, bem como disponibilizá-lo à toda a comunidade. "É um acervo constituído por documentos textuais, fotografias, filmes e objetos reunidos ao longo dos 60 anos da presença da empresa no Brasil" (Rede Âncora, 2013).

*Associação Brasileira de Memória Empresarial (ABME)*
Com vista a uma articulação mais efetiva entre os diferentes centros de memória, formou-se a Associação Brasileira de Memória Empresarial (AME). A instituição ainda está em fase de formação, mas o objetivo é fortalecer os laços entre os diversos centros de memória empresarial e constituir-se formalmente como instituição para poder realizar convênios com os diferentes atores nos setores público e privado. O intuito também é articular as atividades e funções entre

os diversos centros de memória já existentes no país, assim como estimular novas empresas a criar os próprios centros de memória. Fazem parte da ABME os centros de memória com maior tradição e organização, como o Centro de Memória Bunge, o Centro de Documentação e Memória Grupo Gol, o Centro de Documentação e Memória Klabin, a Memória Petrobras, o Espaço Memória Itaú Unibanco, o Centro de Memória Bosch, o Memória Votorantim, o Memória Globo, a Grifo e a Tempo e Memória[12].

## Síntese

Neste último capítulo, aprofundamos a reflexão sobre o campo da história das organizações, uma nova realidade de trabalho para os historiadores. Percebemos que há uma demanda cada vez maior por historiadores, na medida em que diversas empresas dos setores

---

12 Esses são os centros de memória mais organizados e articulados entre si. No Brasil atual, há uma série de outras empresas onde os historiadores podem começar a pensar em encontrar trabalho. Apresentamos a seguir uma relação, produzida por Carvalho (2014, p. 13), das firmas, organizadas por setores, que já dispõem de algum trabalho de preservação da memória. Nós fizemos apenas algumas adaptações e acréscimos ao levantamento do autor. A relação é a seguinte: Papel e Celulose: ABTCP, Klabin, Suzano, Irani, Cambará. Construção e Infraestrutura: Grupo CCR, Odebrecht, Votorantim, João Fortes. Transportes: Grupo Águia Branca, Metrô (São Paulo), Viação Santa Cruz. Bebidas: Ambev, Ambev Bohemia. Cosméticos: Avon, Natura, O Boticário. Tecnologia: 3M. Financeiras (bancos): Bradesco, Itaú Unibanco, BMF&Bovespa, Santander, CRCSP. Agronegócio: Bunge. Centro de Pesquisa: CNPq. Química: Dupont, Basf. Energia: Eletrobras, Cemig, Furnas. Aviação: Embraer, TAM, GOL. Farmacêutica: Eurofarma, Drogra Raia, Granado. Metalurgia: Gerdau, Vale. Engenharia: UTC Engenharia. Varejo: Pão de Açúcar, WalMart, Unilever, Nestlé, Souza Cruz. Chocolates: Lacta, Mondelez, Garoto. Engenharia naval: Wilson, Sons. Petróleo e Gás: Petrobras, Exxonmobil, Nacionalgás, Supergasbras. Acessórios automotivos: Bosch do Brasil, Pirelli. Alimentos: Sadia, Oetker. Times de futebol: São Paulo, Corinthians, Vasco, Flamengo. Medicina (convênios): Unimed, Amil, Bayer. Automobilístico: Volkswagen do Brasil, Mercedes--Benz, Toyota do Brasil. Motores e equipamentos: WEG, Romi.

público e privado, nacionais ou multinacionais, estão criando os próprios centros de memória empresarial. Apontamos que o papel do historiador não se limita à coleta e à organização de documentos. Esse profissional também auxilia a gestão diária das firmas, tornando-se um consultor estratégico para os principais gestores. Por fim, destacamos alguns centros de memória já existentes no Brasil.

## Indicações culturais

Os assuntos tratados neste capítulo podem ser aprofundados com a leitura dos seguintes livros, artigos e *sites*:

ABPHE – Associação Brasileira de Pesquisadores em História Econômica. Disponível em: <http://www.abphe.org.br>. Acesso em: 1º out. 2019.

DALLA COSTA, A.; SILVA, G. P. da. Bunge e Sanbra: formação de grupos econômicos no Brasil (1923-1994). **America Latina en la Historia Económica**, v. 27, v. 1, 2020.

FUNDAÇÃO BUNGE. Centro de Memória Bunge. Disponível em: <http://www.fundacaobunge.org.br/projetos/centro-de-memoria-bunge/>. Acesso em: 24 ago. 2019.

MARSON, M. **Origens e evolução da indústria de máquinas e equipamentos em São Paulo**: 1870-1960. São Paulo: Annablume/Fapesp, 2017.

MEMÓRIA VOTORANTIM. Disponível em: <http://www.memoriavotorantim.com/>. Acesso em: 1º out. 2019.

RED DE ESTUDIOS DE HISTORIA DE EMPRESAS. Disponível em: <http://redhistoriaempresas.org>. Acesso em: 1º out. 2019.

SAES, A. M. **Conflitos do capital**: Light versus CBEE na formação do capitalismo brasileiro (1898-1927). Bauru: Edusc, 2010.

# Atividades de autoavaliação

1. A respeito do papel dos historiadores nas organizações, assinale V para as sentenças verdadeiras e F para as falsas.

   ( ) O historiador não consegue ser eficiente no trabalho dos centros de memória empresarial porque os cursos atuais das faculdades de história não preparam para tal função.

   ( ) Os historiadores são contratados nos centros de memória empresarial com a função única de coletar documentos, organizá-los e catalogá-los.

   ( ) As empresas contratam historiadores porque, junto com outros profissionais, conseguem organizar os centros de memória e também prestar consultoria estratégica a seus dirigentes.

   ( ) O historiador não é formado, nos atuais cursos de História, especificamente para trabalhar nos centros de memória, mas o conteúdo aprendido no curso o qualifica para se tornar um bom profissional de centros de memória empresarial.

   Agora, assinale a sequência correta:

   a) F, V, F, V.
   b) F, F, V, F.
   c) F, V, V, F.
   d) F, F, V, V.
   e) F, V, V, V.

2. Considerando a importância e a situação dos centros de memória empresarial, analise as afirmações a seguir.

   02) Os documentos importantes para os centros de memória empresarial são entrevistas com fundadores e dirigentes,

ata de fundação das firmas, atas da diretoria e dos conselhos, livros, fotos, filmes e material veiculado pela imprensa.

04) Por serem muito recentes, os documentos de internet não são considerados históricos. Portanto, não precisam ser guardados e utilizados nos centros de memória empresarial.

08) Os centros de memória empresarial só podem ser organizados em grandes empresas multinacionais, privadas ou públicas, porque exigem muito conhecimento, alto investimento e pessoal especializado em várias áreas.

16) Os centros de memória empresarial surgiram primeiro nos países desenvolvidos, como os europeus, o Japão e os Estados Unidos. O modelo deles não serve, entretanto, para os centros de memória empresarial no Brasil, pois nossa realidade é diferente.

Agora, assinale a alternativa que corresponde à soma das afirmações verdadeiras:

a) 02
b) 06
c) 18
d) 26

3. Reflita a respeito das afirmações a seguir.
   I) Cada vez mais, os gestores de empresas do Brasil estão se tornando conscientes da importância de investir na preservação dos documentos históricos.
   II) Na maioria das vezes, um centro de memória empresarial tem origem no momento em que a firma contrata um

historiador para escrever sua história por ocasião de seus primeiros 50 anos.

III) Para muitos dirigentes empresariais, a história só é lembrada na hora de alguma comemoração. Nesse momento, eles organizam uma festa ou um jantar e publicam uma série de fotos na internet. Na maioria das empresas, a documentação consultada para essas festas não leva à criação de um centro de memória.

Agora, assinale a alternativa que indica as afirmações corretas.

a) Somente I e II.
b) Somente I e III.
c) Somente I.
d) Todas são verdadeiras.

4. Refletindo sobre os centros de memória empresarial em funcionamento no Brasil, assinale V para as alternativas verdadeiras e F para as falsas.

( ) Os primeiros centros de memória empresarial surgiram, em boa medida, influenciados pelo projeto de pesquisa Pioneiros & Empreendedores, liderado pelo professor Jacques Marcovitch na Faculdade de Economia, Administração e Contabilidade da Universidade de São Paulo (FEA/USP).

( ) Pesquisas em centros de memória empresarial que resultaram em livros, artigos, dissertações e teses, mostram que a parceria entre os centros de memória empresarial e as universidades é outro aspecto relacionado à criação de centros de memória.

( ) No Brasil, a maioria dos centros de memória surgiu nas grandes empresas públicas, pois os governantes tinham interesse na preservação da história para mostrar o avanço da industrialização do país.

( ) Como pudemos ver neste último capítulo do livro, os centros de memória empresarial só podem ser organizados em grandes empresas, situadas nas grandes cidades do Brasil.

Agora, marque a alternativa que apresenta a sequência correta:

a) V, V, V, F.
b) V, V, F, F.
c) F, V, F, F.
d) F, V, V, F.

5. Considerando o trabalho dos historiadores atuais e os centros de memória empresarial, analise as afirmações a seguir.

08) Em virtude do surgimento de grande quantidade de centros de memória empresarial, não faz mais sentido pensar no papel do historiador como professor no ensino fundamental, médio e universitário.

16) Para trabalhar em algum centro de memória empresarial, o historiador precisa, necessariamente, fazer um curso complementar na área de arquivologia.

32) Os dirigentes das empresas que conseguem organizar bons centros de memória podem contar com a assessoria e consultoria de um historiador para ajudar nas grandes tomadas de decisão.

64) O resultado do trabalho de um historiador num centro de memória reflete uma das bases da pesquisa historiográfica, que é o acesso facilitado às fontes primárias.

Agora, assinale a alternativa que corresponde à soma das firmações verdadeiras:

a) 24
b) 40
c) 56
d) 96

## Atividades de aprendizagem

### Questão para reflexão

1. Um dos maiores desafios dos centros de memória empresarial é preservar a grande quantidade de documentos virtuais. A cada dia, as empresas produzem uma série de documentos que jamais são impressos, ficando arquivados apenas na nuvem. Como a quantidade é muito grande, os responsáveis devem saber selecionar os arquivos úteis à história da firma. Tente comparar a situação com sua vida pessoal: Quantas fotos você tem no celular, no *tablet*, no computador? Quantos documentos e mensagens você recebe no WhatsApp?
Até alguns anos, as pessoas imprimiam as mensagens mais importantes e revelavam as fotos. Agora, como você faz para preservar esses dados? É preciso guardar tudo ou você escolhe os textos e as fotos mais significativos e descarta os demais? Redija um texto sobre essa questão.

### Atividades aplicadas: prática

1. Acesse o *site* de três centros de memória empresarial e verifique como estão organizados e que tipo de informação está disponível. Em seguida, acesse algum documento histórico, verifique seu conteúdo e busque um livro, artigo, dissertação

ou tese publicada com documentos primários de algum centro de memória. Veja como o autor do trabalho utilizou essas fontes primárias.

2. Questione, na sua família, entre amigos ou familiares destes, se alguém tem interesse em ser historiador. Em caso afirmativo, converse com essa pessoa sobre a possibilidade de ela trabalhar em algum centro de memória empresarial. Se seus familiares, amigos ou colegas de trabalho nunca ouviram falar em centros de memória empresarial, explique a eles o que são e como funcionam, com base no que você aprendeu ao ler este último capítulo do livro.

# Considerações finais

Chegamos ao final de nosso estudo. Você deve ter percebido que nos concentramos em dois campos de estudo principais, a história econômica e a história das organizações. Gostaríamos, neste momento, de lembrar que o conhecimento se dá pela busca contínua. Ninguém nunca sabe o suficiente. Caso não busquemos novos conhecimentos por meio de cursos, leituras, filmes, viagens e buscas na internet, logo ficaremos desatualizados. Costumo dizer aos alunos da graduação que o diploma que recebem no final do curso é como mercadoria de supermercado. Já vem com data vencida. O mesmo se aplica ao conhecimento em geral. Portanto, reforçamos o convite para você aproveitar as orientações ao longo do texto e continuar se aprofundando no assunto.

Gostaríamos que você refletisse a respeito de três temas para cada uma das áreas aqui exploradas. Com relação à história econômica, é bem verdade que nos preocupamos em explicar onde e como esse ramo teve início, além de esclarecer o papel das associações nacionais e das revistas na divulgação dos resultados das pesquisas. No entanto, gostaríamos de destacar aqui, para finalizar, três conceitos básicos abordados no livro.

O primeiro se refere à relação entre a história econômica e o **tempo**. Vimos que o tempo podia ser entendido como imóvel no mundo antigo e na Idade Média, porque as mudanças aconteciam muito lentamente. Se imaginarmos a vida de um pastor que levava suas ovelhas para pastar no campo lá nos primeiros anos do feudalismo, teremos de considerar que quase não havia diferenças entre um ano e outro. O tempo parecia, pois, imóvel, e as atividades e as técnicas evoluíam muito devagar. Com o passar dos anos, sobretudo a partir da segunda metade do século XX, as mudanças técnicas e na produção de mercadorias passaram a se dar de forma muito mais rápida. Isso inclui as próprias mercadorias (computador, celular, geladeira etc). Portanto, o tempo tem seu próprio ritmo, que se altera com a passagem dos séculos.

Outro conceito abordado foi o de **espaço**. Como vimos em Braudel (1995c), existe uma colaboração muito próxima entre a história e as demais ciências sociais. Com relação ao espaço, destaca-se a aproximação com a geografia, sobretudo com a geografia humana. O autor mencionado trabalha a ideia de espaço ao analisar, na obra *O Mediterrâneo*, um espaço específico, aquele ao redor desse mar, e um período determinado, que foi a época de Filipe II, o tempo das Grandes Navegações.

Estudar o tempo significa inserir o homem no contexto em que está vivendo e olhar para o passado para entender o presente. Isso, possivelmente, indicará tendências para o futuro. Braudel depois repetiu seu estudo, buscando entender a ideia de tempo em *Civilização material, economia e capitalismo* e em *A identidade da França*. No primeiro caso, estudou a importância do tempo em cerca de três a quatro séculos e procurou entender como ele interferia na história humana, no espaço compreendido pelo mundo inteiro. Já no segundo livro, buscou compreender o tempo de mais de dois milênios, em um "espaço" mais reduzido, que é a atual nação francesa.

O terceiro conceito que queremos destacar é o de **longa duração**. Para os autores que trabalham com ele, a principal vantagem é mostrar as tendências que se delineiam com o passar dos anos, das décadas e, às vezes, até mesmo dos séculos. Os dois últimos livros de Braudel, mencionados anteriormente, são bons exemplos desse tipo de análise. Eles tratam de centenas de anos de história. É por meio desse conceito, pois, que podemos observar algumas tendências.

Por exemplo, se olharmos para a história do Brasil, vamos perceber que a tendência é haver um aumento na expectativa de vida da população. Dados do Censo, divulgados pelo Instituto Brasileiro de Geografia e Estatística (IBGE), mostram que a expectativa de vida do brasileiro aumentou 25,4 anos entre 1960 e 2010, passando de 48 para 73,4 anos. Essa realidade só é bem compreendida, no entanto, se considerarmos o longo prazo. De um ano para outro, as mudanças são muito pequenas e, portanto, não se podem verificar as transformações.

O mesmo poderia ser dito, por exemplo, da tendência de crescimento e urbanização da população, assim como do papel da indústria e dos serviços no setor econômico. Com a industrialização e o crescimento do setor de serviços no Brasil, intensificou-se o processo de crescimento do número de habitantes, assim como de sua transição do campo para as cidades. Esses exemplos mostram a importância da longa duração para uma compreensão mais adequada da história e de suas transformações.

A outra área de estudo enfocada neste livro foi a história empresarial ou organizacional. Sobre esse tema, vimos que a história de empresas como disciplina teve início nos EUA no começo do século XX, em cursos de graduação em Administração de Empresas.

Desde então, o conceito expandiu-se para a Europa e demais continentes, sendo ensinado não apenas em cursos de Administração, mas também em outras áreas.

Se considerarmos a história de empresas feita nos Estados Unidos, na Europa e no Japão, nós, latino-americanos, ainda estamos longe de conseguir bons resultados tanto em pesquisas práticas como no desenvolvimento de uma teoria própria para explicar os casos das firmas de nosso continente.

Outra realidade abordada na obra foi a dos centros de memória empresarial. No Brasil, eles passaram a se constituir nas últimas duas ou três décadas. Podemos afirmar que, aos poucos, as firmas vão compondo um banco de ideias, de conhecimento e de práticas que, em seu conjunto, configuram sua memória. Trata-se da forma como foram resolvendo seus problemas, encontrando soluções, inovando, lançando novos produtos, enfrentando a concorrência.

Vimos que os centros de memória empresarial se apresentam, também, como uma opção de trabalho para os historiadores. Se até algumas décadas atrás esse profissional só encontrava trabalho como professor em escolas do ensino fundamental, médio ou superior ou, ainda, como pesquisador e professor da pós-graduação, recentemente essa realidade mudou. Um historiador pode se preparar, já durante a graduação, para trabalhar nos centros de memória.

Nesses novos lugares, as oportunidades são diversas, associadas a funções como as de arquivistas, organizadores de material, gestores de arquivos, pesquisadores de temas específicos para assessorar diretorias da firma e consultores estratégicos na hora de tomada de decisões importantes. Os historiadores podem, ainda, contribuir para atualizar o *site* das companhias, fornecer dados para a linha do tempo que conta a história da empresa, preparar temas específicos sobre o histórico de alguns setores e coletar fotos, filmes, propagandas e embalagens que sejam úteis para o *marketing* na hora de lançar uma nova modalidade de um mesmo produto, por exemplo.

Podemos afirmar, por fim, que a atuação de historiador está estreitamente relacionada a centros de memória empresarial; busca de documentos da firma, preservação da memória e organização de arquivos e consultoria estratégica nas empresas. Está justamente nesse ponto uma das facetas mais visíveis da história organizacional, bem como a abertura para uma nova profissão para os historiadores. Esperamos que, chegando ao término da leitura desta obra, você tenha conseguido expandir seu conhecimento acerca das funções de um historiador, entendendo ainda mais sobre o papel desse profissional perante a sociedade.

# Referências

ABPHE – Associação Brasileira de Pesquisadores em História Econômica. **Breve histórico**. Disponível em: <http://www.abphe.org.br/abphe-breve-historico>.Acesso em: 8 out. 2019.

AGUIRRE ROJAS, C. A. **Os Annales e a historiografia francesa**: tradições críticas de Marc Bloch a Michel Foucault. Maringá: Eduem, 2000.

ALBERTI, V. **Vender história?** A posição do CPDOC no mercado de memórias. Rio de Janeiro: CPDOC, 1996.

ALDRIGHI, D. M.; POSTALI, F. A. S. Business Groups in Brazil. In: COLPAN, A. M.; HIKINO, T.; LINCOLN, J. R. **The Oxford Handbook of Business Groups**. Oxford: Oxford University Press, 2010.

ALMEIDA, A. P. S. de. **Memória empresarial**. Monografia (Especialização em Gestão em Arquivos) – Universidade Federal de Santa Maria, São João do Polêsine, 2009.

ARAÚJO, F. G. B. de. **Saber sobre os homens, saber sobre as coisas**: história e tempo, geografia e espaço, ecologia e natureza. Rio de Janeiro: DP&A, 2003.

ARRIGHI, G. **O longo século XX**: dinheiro, poder e as origens de nosso tempo. Tradução de Vera Ribeiro. São Paulo: Ed. da Unesp, 1996.

BAER, W. **A industrialização e o desenvolvimento econômico no Brasil**. 7. ed. Tradução de Paulo de Almeida Rodrigues. Rio de Janeiro: FGV, 1988.

_____. **The Development of the Brazilian Steel Industry**. Nashville: Vanderbilt University Press, 1969.

BARBERO, M. I. Historiografia y problemas de la historia de empresas. In: _____. **Historia de empresas**: aproximaciones historiográficas y problemas en debate. Buenos Aires: Centro Editor de América Latina, 1993.

_____. La historia de empresas en la Argentina: trayectoria y temas en debate en las últimas dos décadas. In: GELMAN, J. (Org.). **La historia económica argentina en la encrucijada**. Buenos Aires: Prometeo Libros, 2006. p. 153-173.

_____. Los grupos económicos en la Argentina en una perspectiva de largo plazo (siglos XIX y XX). In: JONES, G.; LLUCH, A. (Org.). **El impacto histórico de la globalización en Argentina y Chile**: empresas y empresários. Buenos Aires: Temas, 2011. p. 1-37.

BARBERO, M. I.; JACOB, R. (Ed.). **La nueva historia de empresas en America Latina y España**. Buenos Aires: Temas Grupo Editorial, 2008.

BARBERO, M. I.; ROCCHI, F. Cultura, sociedade, economia y nuevos sujtos de la historia: empresas y consumidores. In: GRAGONI, B. (Org.). **Microanálisis**: ensayos de historiografia argentina. Buenos Aires: Prometeo Libros, 2004.

BENJAMIN, W. **Obras escolhidas**. Tradução de Sérgio Paulo Rouanet. 7. ed. São Paulo: Brasiliense, 1994.

BILTON, N. **A eclosão do Twiter**: uma aventura de dinheiro, poder, amizade e traição. Tradução de Elvira Serapicos. São Paulo: Portfolio/Penguin, 2013.

BLAUG, M. **História do pensamento econômico**. Lisboa: Dom Quixote, 1962.

BLOCH, M. **A sociedade feudal**. Lisboa: Edições 70, 2009.

_____. **Apologia da história ou o ofício do historiador**. Rio de Janeiro: Zahar, 2001.

_____. **Introdução à história**. Rio de Janeiro: Saber, 1965.

BORN, J. Creating Emerging Markets – Oral History Collection, Baker Library Historical Collections. **Harvard Business School**, 21 ago. 2008. Entrevista.

BORREGO, C. S.; MODENESI, S. Centros de memória institucionais: métodos, procedimentos, ferramentas e tecnologia. **Cadernos de História**, Belo Horizonte, v. 14, n. 20, 2013.

BOTTALO, M. et al. **Manual de procedimentos para processamento técnico do Acervo Centro de Memória Bunge**. São Paulo: Centro de Memória Bunge/Fundação Bunge, 2009.

BRAUDEL, F. **A identidade da França**: o espaço e a história. Tradução de Lilian Watanabe. São Paulo: Globo, 1989a. v. 1.

_____. **A identidade da França**: os homens e as coisas. São Paulo: Globo, 1989b. v. 2.

_____. **A identidade da França**: os homens e as coisas. São Paulo: Globo, 1989c. v. 3.

BRAUDEL, F. **Civilização material, economia e capitalismo**: séculos XV-XVIII. São Paulo: M. Fontes, 1995a. v. I: As estruturas do cotidiano: o possível e o impossível.

BRAUDEL, F. **Civilização material, economia e capitalismo**: séculos XV-XVIII. São Paulo: M. Fontes, 1995b. v. II: Os jogos das trocas.

_____. **Civilização material, economia e capitalismo**: séculos XV-XVIII. São Paulo: M. Fontes, 1996. v. III: O tempo do mundo.

_____. **Escritos sobre a história**. 2. ed. São Paulo: Perspectiva, 1992.

_____. **O Mediterrâneo e o mundo mediterrâneo na época de Felipe II**. 2. ed. Lisboa: Dom Quixote, 1995c.

_____. **Uma lição de história de Fernand Braudel**. Tradução de Lucy Magalhães. Rio de Janeiro: Zahar, 1989d.

BRESSER PEREIRA, L. C. **Desenvolvimento e crise no Brasil**: história, economia e política de Getúlio Vargas a Lula. São Paulo: Editora 34, 2003.

BURKE, P. **A Escola dos Annales (1929-1989)**: a Revolução Francesa da historiografia. São Paulo: Ed. da Unesp, 1991.

CADIOU, F. et al. **Como se faz a história**: historiografia, método e pesquisa. Petrópolis: Vozes, 2007.

CALAIS, C. Entrevista concedida a Armando Joao Dalla Costa pela diretora da Fundação Bunge. São Paulo, 2018.

CAMPOS, E. América Latina já possui 100 multinacionais de peso. **Época Negócios**, 11 set. 2009. Disponível em: http://epocanegocios.globo.com/Revista/Common/0,,ERT92555-16357,00.html>. Acesso em: 6 jan. 2020.

CARDOSO, C. F. S.; BIGNOLI, H. P. **Os métodos da história**. 6. ed. Rio de Janeiro: Graal, 2002.

CARDOSO, F. H.; FALETTO, E. **Dependência e desenvolvimento na América Latina**. Rio de Janeiro: Zahar, 1970.

CARVALHO, F. C. **A memória como um negócio?** Um estudo sobre empresas produtoras de história empresarial. Pontifícia Universidade Católica do Rio de Janeiro, Rio de Janeiro, 2014. Disponível em: <http://www.puc-rio.br/pibic/relatorio_resumo2014/relatorios_pdf/ccs/ADM/ADM-Felipe%20Costa%20Carvalho.pdf>. Acesso em: 8 out. 2019.

CHANDLER, A. **Ensaios para uma teoria histórica da grande empresa.** Rio de Janeiro: Ed. da FGV, 1998.

_____. **Scale and Scope:** the Dynamics of Industrial Capitalism. Cambridge: Belknap Press of Harvard University Press, 1990.

_____. **Strategy and Structure:** Chapters in the History of the Industrial Enterprise. Cambridge: The MIT Press, 1962.

_____. **The Visible Hand:** the Managerial Revolution in American Business. Cambridge: Belknap Press, 1977.

CHAUI, M. **Convite à filosofia.** São Paulo: Ática, 2005.

CHAUNU, P. **A história como ciência social.** Rio de Janeiro: Zahar, 1976.

CHESNAIS, F. **A mundialização do capital.** Tradução de Silvana Finzi Foá. São Paulo: Xamã, 1996.

CIPOLLA, C. Introduction. In: CIPOLLA, C. (Ed.). **The Fontana Economic History of Europe:** the Industrial Revolution. London: Fontana Books; Glasgow: Collins, 1973.

_____. **Introdução ao estudo da história econômica.** São Paulo: Edições 70, 1995.

CMB – Centro de Memória Bunge. História do Centro de Memória Bunge. São Paulo: CMB 2010.

COLLINS, J. C.; PORRAS, J. **Feitas para durar:** práticas bem--sucedidas de empresas visionárias. Curitiba: Rocco, 1995.

COLPAN, A. M.; HIKINO, T.; LINCOLN, J. R. **The Oxford Handbook of Business Groups**. Oxford: Oxford University Press, 2010.

CORTEZ, M. T. **Centro de documentação**: implantação. São Paulo: Cortez, 1980.

COSTA, A. M.; SARAIVA, L. A. S. Memória e formalização social do passado nas organizações. **Revista de Administração Pública**, Rio de Janeiro, v. 45, n. 6, p. 1761-1780, 2011.

COSTA, I. T. M. **Memória institucional**: a construção conceitual numa abordagem teórico-metodológica. Tese (Doutorado em Ciência da Informação) – Universidade Federal do Rio de Janeiro, Rio de Janeiro, 1997.

COUTINHO, L.; FERRAZ, J. C. (Coord.). **Estudo da competitividade da indústria brasileira**. 3. ed. Campinas: Papirus/Ed. da Unicamp, 1995.

DALLA COSTA, A. Carlos Roberto Antunes dos Santos (1945-2013): uma vida dedicada à educação e à universidade. In: SAES, A. M.; RIBEIRO, M. A. R.; SAES, F. A. M. de (Org.). **Rumos da história econômica no Brasil**: 25 anos da ABPHE. São Paulo: Alameda, 2017a. p. 323-330.

_____. História de empresas no Brasil: entre os desafios teóricos e os estudos de caso. In: SAES, A. M.; RIBEIRO, M. A. R.; SAES, F. A. M. de (Org.). **Rumos da história econômica no Brasil**: 25 anos da ABPHE. São Paulo: Alameda, 2017b. p. 521-558.

_____. La historia de empresas en Brasil en el comienzo del tercer milenio. In: BARBERO, M. I.; JACOB, R. (Ed.). **La nueva historia de empresas en America Latina y España**. Buenos Aires: Temas Grupo Editorial, 2008. p. 83-108.

DALLA COSTA, A. **O ensino de história e suas linguagens**. Curitiba: Ibpex, 2011.

DALLA COSTA, A.; SILVA, G. P. da. Bunge and his First Fiftieth Anniversary in Brazil (1905-1955): the Construction of an Economic Group. **Investigaciones de Historia Económica**, v. 14, p. 199-209, 2018.

_____. da. Bunge e Sanbra: formação de grupos econômicos no Brasil (1923-1994). **America Latina en la Historia Económica**, v. 27, n. 1, 2020.

DEAN, W. **A industrialização de São Paulo**. São Paulo: Difel, 1971.

DESTINO NEGÓCIO. **Melhore a cultura empresarial de seu negócio com essas 4 dicas**. Disponível em:<https://destinonegocio.com/br/gestao/melhore-a-cultura-empresarial-de-seu-negocio-com-essas-4-dicas/>. Acesso em: 8 out. 2019a.

DOSSE, F. L'histoire sociale "à la française" à son apogée: Labrousse/Braudel. In: DELACROIX, C.; DOSSE, F.; GARCIA, P. **Les courants historiques en France**: XIX-XX siècles. Paris: Armand Colin, 1999. p. 296-391.

\_\_\_\_\_. **Saiba como preservar a memória corporativa da sua marca**. Disponível em: <https://destinonegocio.com/br/empreendedorismo/saiba-como-preservar-a-memoria-corporativa-da-sua-marca/>. Acesso em: 8 out. 2019b.

EXAME. Melhores & Maiores. São Paulo: Abril, 2015. Edição especial.

FDC – Fundação Dom Cabral. **Sobre a FDC**. Disponível em: <https://www.fdc.org.br/sobreafdc>. Acesso em: 8 out. 2019.

FEBVRE, L. Un livre qui grandit: la Méditerranée et le monde méditerranéen à l'époque de Philippe II. **Revue Historique**, tome CCIII, 74º année, 1950.

FEIJÓ, C. A.; VALENTE, E. A firma na teoria econômica e como unidade de investigação estatística: evolução nas conceituações. **Revista de Economia Contemporânea**, Rio de Janeiro, v. 8, n. 2, p. 351-376, 2004.

FLORENZANO, M. B. **O mundo antigo**: economia e sociedade. São Paulo: Brasiliense, 1994.

FONSECA, M. O.; JARDIM, J. M. As relações entre a arquivística e a ciência da informação. **Informare**, Rio de Janeiro, v. 1, p. 41-50, jan./jun. 1995.

FONTANA, J. **A história dos homens**. Bauru: Edusc, 2004.

_____. **História**: análise do passado e projeto social. Bauru: Edusc, 1998.

FOURQUET, F. Um novo espaço-tempo. In: LACOSTE, Y. (Org.). **Ler Braudel**. São Paulo: Papirus, 1989.

FRANCO JÚNIOR, H.; CHACON, P. P. **História econômica geral**. São Paulo: Atlas, 1986.

FRIEDEN, J. **Capitalismo global**: história econômica e política do século XX. Tradução de Vivian Mannheimer. Rio de Janeiro: Zahar, 2017.

FUILLÉN, M. Business Groups in Emerging Economies: a Resource-Based View. **Academy of Management Journal**, v. 43, n. 3, p. 362-380, 2000.

FURTADO, C. **Formação econômica do Brasil**. 34. ed. São Paulo: Companhia das Letras, 2007.

GONÇALVES, R. Grupos econômicos: uma análise conceitual e teórica. **Revista Brasileira de Economia**, v. 45, n. 4, p. 491-518, out./dez. 1991.

GRAMSCI, A. **Cadernos do cárcere**. Rio de Janeiro: Civilização Brasileira, 1999.

GRANDI, G. **Estado e capital ferroviário em São Paulo:** a Companhia Paulista de Estradas de Ferro entre 1930 e 1961. São Paulo: Alameda, 2013.

GRANOVETTER, M. Business Groups. In: SMELSER, N.; SWEDBERG, R. **The Handbook of Economic Sociology.** 2. ed. Princeton: Princeton University Press, 2005. p. 429-450.

_____. Coase Revisited: Business Groups in the Modern Economy. **Industrial and Corporate Change**, v. 4, n. 1, p. 93-130, 1995.

GREENPEACE BRASIL. **Posicionamento sobre desastre ambiental em Brumadinho** – MG. 25 jan. 2019. Disponível em: <https://www.greenpeace.org/brasil/press/posicionamento-sobre-desastre-ambiental-em-brumadinho-mg/>. Acesso em: 8 out. 2019.

GUEVARA, C. D. de; SATIZÁBAL, B. E. R. Naturaleza y perspectivas de la historia empresarial en Colombia. In: BARBERO, M. I.; JACOB, R. (Ed.). **La nueva historia de empresas en America Latina y España**. Buenos Aires: Temas Grupo Editorial, 2008. p. 109-140.

GUILLÉN, M. **The Limits of Convergence**: Globalization and Organizational Change in Argentina, South Korea and Spain. Princeton: Princeton University Press, 2001.

HARTE, N. The Economic History Society, 1926-2001. In: HUDSON, P. **Living Economic and Social History**. Glasgow: Economic History Society; Cambridge: The MIT Press, 2001.

HOBSBAWM, E. **A era das revoluções:** Europa 1789-1848. Tradução de Maria Tereza Lopes Teixeira e Marcos Penchel. São Paulo: Paz e Terra, 1981.

_____. **A era do capital (1848-1875)**. Tradução de Luciano Costa Neto. 3. ed. Rio de Janeiro: Paz e Terra, 1995.

HOBSBAWM, E. **A era dos impérios (1875-1914)**. Tradução de Sieni Maria Campos. 13. ed. São Paulo: Paz e Terra, 2009.

_____. **As origens da revolução industrial**. São Paulo: Global, 1979.

_____. **Era dos extremos**: o breve século XX – 1914-1991. Tradução de Marcos Santarrita. São Paulo: Companhia das Letras, 1995.

_____. **História do marxismo**. São Paulo: Paz e Terra, 1980. 10 v.

HOBSBAWM, E. **Tempos interessantes**: uma vida no século XX. São Paulo: Companhia das Letras, 2002.

IBGE – Instituto Brasileiro de Geografia e Estatística. **Estatísticas do século XX**. Rio de Janeiro, 2006.

IGLESIAS, F. **Introdução à historiografia econômica**. Belo Horizonte: Face/UFMG, 1959.

JACOB, R. La historia de empresas em Uruguay. In: BARBERO, M. I.; JACOB, R. (Ed.). **La nueva historia de empresas en America Latina y España**. Buenos Aires: Temas Grupo Editorial, 2008. p. 169-195.

KARNAL, L. **História na sala de aula**: conceitos, práticas e propostas. 3. ed. São Paulo: Contexto, 2005.

KENNEDY, P. **Ascensão e queda das grandes potências**: transformação econômica e conflito militar de 1500 a 2000. Tradução de Waltensir Dutra. Rio de Janeiro: Campus, 1989.

KHANNA, T.; YAFEH, Y. Business Groups in Emerging Markets: Paragons or Parasites? **Journal of Economic Literature**, v. 45, p. 331-372, June 2007.

KRAFT compra Cadbury por US$ 19,5 bilhões. **GAZETA DO POVO**. 19 jan. 2010. Disponível em: <https://www.gazetado povo.com.br/economia/kraft-compra-cadbury-por-us-195-bilhoes-9tqbtxemjttopnwg3g8xbn0we/>. Acesso em: 8 out. 2019.

LACOMBE, F. et al. **Administração**: princípios e tendências. São Paulo: Saraiva, 2003.

LANDES, D. **Dinastias**: esplendores e infortúnios das grandes famílias. Rio de Janeiro: Campus, 2007.

LEWIS, C. A indústria na América Latina, 1950-1930. In: BETHL, L. (Ed.). **História da América Latina (1870-1930)**. São Paulo: Edusp, 2002. p. 111-117.

LEWIS, C. Business History in Braxil from the Mid-Nineteenth Century to 1945. In: DÁVILA, C.; MILLER, R. (Ed.). **Business History in Latin America**: the Experience of Seven Countries. Liverpool: Liverpool University Press, 1999. p. 43-59.

LIVRANDANTE. **Eric J. Hobsbawm**: A era do capital (1848-1875). 17 ago. 2018. Disponível em: <http://livrandante.com.br/eric-j-hobsbawm-a-era-do-capital-1848-1875/>. Acesso em: 8 out. 2019.

MALCZEWSKI, M. **Diário de um empreendedor**. São Paulo: Évora, 2015.

MAMIGONIAN, A. Kondratieff, ciclos médios e organização do espaço. **Geosul**, Florianópolis, v. 14, n. 28, p. 152-157, jul./dez. 1999.

MARCOVITCH, J. **Pioneiros & empreendedores**: a saga do desenvolvimento no Brasil. São Paulo: Edusp, 2003. 3 v.

_____. **Pioneiros & empreendedores**: a saga do desenvolvimento no Brasil. 2. ed. São Paulo: Edusp, 2007.

MARICHAL, C. La nueva historiografia sobre las empresas em México. In: BARBERO, M. I.; JACOB, R. (Ed.). **La nueva historia de empresas en America Latina y España**. Buenos Aires: Temas Grupo Editorial, 2008. p. 141-168.

MARTINS, R. B. **Crescendo em silêncio**: a incrível economia escravista de Minas Gerais no século XIX. Belo Horizonte: Icam/ABPHE, 2018.

MEMÓRIA VOTORANTIM. **Nosso acervo**. Disponível em: <http://www.memoriavotorantim.com/acervo>. Acesso em: 17 out. 2019.

MORAIS, F. **Montenegro**: as aventuras do marechal que fez uma revolução nos céus do Brasil. São Paulo: Planeta, 2006.

MORAIS, V. **Entrevista ao autor do livro**. São Paulo: Centro de Memória Bunge, 2018.

NASSAR, P. (Org.). **Memória de empresa**: história e comunicação de mãos dadas a construir o futuro das organizações. São Paulo: Aberje, 2004.

NASSAR, P. **Relações públicas na construção da responsabilidade histórica e no resgate da memória institucional das organizações**. São Caetano do Sul: Difusão, 2007.

OLIVARES, J. V. La historia empresarial em España y su desarollo reciente: un enfoque historiografico. In: BARBERO, M. I.; JACOB, R. (Ed.). **La nueva historia de empresas en America Latina y España**. Buenos Aires: Temas Grupo Editorial, 2008. p. 17-46.

OLIVEIRA, M. de; BORTOLIN, S. Memória institucional da Associação Brasileira de Educação em Ciência da Informação (Abecin). **Informação@Profissões**, Londrina, v. 1, n. 1/2, p. 171-186, jul./dez. 2012.

OLIVEIRA, V. R. F.; MASIERO, G. As referências a Alfred Chandler Jr. na produção científica de administração no Brasil: um estudo bibliométrico das teses da FEA/USP e EAESP/FGV (2000-2010). In: SEMEAD, 14., 2011, São Paulo.

PEDROSA, R. P. A. **Desafios do crescimento de empresas diversificadas**: os casos Matarazzo e Votorantim. Dissertação (Mestrado em Administração) – Universidade Federal do Rio de Janeiro, Rio de Janeiro, 2015.

PELAEZ, V. Tamás József Károly Szmrecsányi (1936-2009). In: SAES, A. M.; RIBEIRO, M. A. R.; SAES, F. A. M. de (Org.). **Rumos da história econômica no Brasil: 25 anos da ABPHE**. São Paulo: Alameda, 2017. p. 285-308.

PENROSE, E. **A teoria do crescimento da firma**. Campinas: Ed. da Unicamp, 2006.

PIONEIROS & EMPREENDEDORES. **Sobre o projeto**. Disponível em: <http://pioneiroseempreendedores.com.br/index.html>. Acesso em: 8 out. 2019.

PRADO JÚNIOR, C. **História econômica do Brasil**. São Paulo: Brasiliense, 2006.

RAMOS, J. E. M. **Segunda Revolução Industrial**. 2019. Disponível em: <https://www.suapesquisa.com/industrial/segunda_revolucao.htm>. Acesso em: 13 mar. 2019.

REDE ÂNCORA. **Centro de Memória Bosch completa 10 anos**. Disponível em: <http://redeancora.blogspot.com/2013/11/centro-de-memoria-bosch-completa-10-anos.html>. Acesso em: 8 out. 2019.

REED, J. **Dez dias que abalaram o mundo**. Porto Alegre: L&PM, 2002.

REIS, J. C. **Escola dos Annales**: a inovação em história. Rio de Janeiro: Paz e Terra, 2000.

REIS, J. C. **Nouvelle Histoire e tempo histórico**: a contribuição de Febvre, Bloch e Braudel. São Paulo: Ática, 1994.

REZENDE FILHO, C. de B. **História econômica geral**. 7. ed. São Paulo: Contexto, 2003.

RIBEIRO, G. Fernand Braudel e as metamorfoses do tempo e do espaço: o conceito de geohistória em La Méditerranée et le monde méditeranéen à l'époque de Philippe II (1949 e 1966). **Confins**, v. 21, 2014. Disponível em: <http://journals.openedition.org/confins/9654>. Acesso em: 8 out. 2019.

RIBEIRO, M. A. R. Lutas e conquistas das primeiras historiadoras em história econômica, 1934-1972. In: SAES, A. M.; RIBEIRO, M. A. R.; SAES, F. A. M. de (Org.). **Rumos da história econômica no Brasil**: 25 anos da ABPHE. São Paulo: Alameda, 2017. p. 141-206.

ROWLINSON, M. et al. Social Remembering and Organizational Memory. **Organization Studies**, v. 31, n. 1, p. 69-87, 2010.

SACHS, I. **La main visible**. Angers: Groupe ESA, 2011.

SAES, A. M. A institucionalização da história econômica: história e ambiente intelectual na formação das associações de história econômica. In: SAES, A. M.; RIBEIRO, M. A. R.; SAES, F. A. M. de (Org.). **Rumos da história econômica no Brasil**: 25 anos da ABPHE. São Paulo: Alameda, 2017. p. 37-84.

SAES, A. **Conflitos do capital**: Light versus CBEE na formação do capitalismo brasileiro (1898-1927). São Paulo: Edusc, 2010.

SAES, A. M.; MANZATTO, R. F.; SOUSA, E. S. Ensino e pesquisa em história econômica: perfil docente e das disciplinas de história econômica nos cursos de graduação de Economia no Brasil. **História Econômica & História de Empresas**, v. 18, n. 2, p. 229-263, 2015.

SAES, A. M.; RIBEIRO, M. A. R.; SAES, F. A. M. de (Org.). **Rumos da história econômica no Brasil**: 25 anos da ABPHE. São Paulo: Alameda, 2017.

SAES, F. A. M. de. **A grande empresa de serviços públicos na economia cafeeira**. São Paulo: Hucitec, 1986.

_____. **As ferrovias de São Paulo (1870-1940)**. São Paulo: Hucitec, 1981.

_____. Os rumos das pesquisas sobre a história econômica do Brasil: uma breve nota. **Leituras de Economia Política**, Campinas, v. 14, n. 21 (21), p. 3-34, dez. 2012/2013.

SAES, A. F. M. de; SAES, A. M. **História econômica geral**. São Paulo: Saraiva, 2013.

SCHUMPETER, J. **Capitalismo, socialismo e democracia**. Rio de Janeiro: Zahar, 1984.

_____. **Fundamentos do pensamento econômico**. Rio de Janeiro: Zahar, 1968.

_____. **História da análise econômica**. Rio de Janeiro: Fundo de Cultura, 1964. v. 1.

_____. **Teoria do desenvolvimento econômico**. São Paulo: Abril Cultural, 1982.

SCHWARCZ, L. M.; STARLING, H. M. **Brasil**: uma biografia. São Paulo: Companhia das Letras, 2015.

SEAMAN JUNIOR, J. T.; SMITH, G. D. História da empresa é ferramenta de liderança. **Harvard Business Review**, 6 dez. 2012. Disponível em: <https://hbrbr.uol.com.br/historia-da-empresa-e-ferramenta-de-lideranca/>. Acesso em: 8 out. 2019.

SILVA, G. P. da; DALLA COSTA, A. A formação do Grupo Votorantim: as origens de um grupo econômico brasileiro no setor têxtil de São Paulo (1891-1929). **Economia e Sociedade**, v. 27, n. 1, p. 321-354, 2018a.

SILVA, G. P. da; DALLA COSTA, A. Companhia Ararense de Leiteria (1909-1920): Louiz Nougués e a realização de um sonho. **História Econômica & História de Empresas**, v. 10, p. 117-141, 2007.

_____. S.A. Fábrica Votorantim e o setor têxtil paulista (1918-1939): os caminhos que levaram o grupo da falência à liderança industrial. **Nova Economia**, v. 28, n. 2, p. 579-607, 2018b.

SILVA, R. F. da. **História da historiografia**: capítulos para uma história das histórias da historiografia. Bauru: Edusc, 2001.

SILVA, S. **Expansão cafeeira e origens da indústria no Brasil**. 8. ed. São Paulo: Alfa-Ômega, 1995.

SLOAN, A. **Meus anos com a General Motors**. São Paulo: Negócio, 2001.

SMITH, A. **A riqueza das nações**. 2. ed. São Paulo: Nova Cultural, 1985.

SOUSA, R. G. **A evolução do homem**. Disponível em: <https://mundoeducacao.bol.uol.com.br/historiageral/a-evolucao-homem.htm>. Acesso em: 8 out. 2019.

STONE, B. **A loja de tudo**: Jeff Bezos e a era da Amazon. São Paulo: Intrínseca, 2014.

SUZIGAN, W. (Ed.). **Indústria**: política, instituições e desenvolvimento. Rio de Janeiro: Ipea/Inpes, 1978.

SUZIGAN, W. **Indústria brasileira**: origem e desenvolvimento. São Paulo: Hucitec; Ed. da Unicamp, 2000.

TAVARES, M. da C. **Da substituição de importações ao capitalismo financeiro**. Rio de Janeiro: Zahar, 1972.

TESSITORE, V. **Como implantar centros de documentação**. São Paulo: Arquivo do Estado/Imprensa Oficial, 2003. (Coleção Como Fazer, v. 9).

TOTINI, B.; GAGETE, E. Memória empresarial: uma análise de sua evolução. In: NASSAR, P. (Org.). **Memória de empresa**. São Paulo: Aberje, 2004. p. 113-126.

VALDALISO, J. M.; LOPEZ, S. Sirve para algo la historia empresarial? In: ERRO, C. (Org.). **Historia empresarial**: pasado, presente y retos de futuro. Barcelona: Ariel Empresa, 2003. p. 173-202.

WORCMAN, K. Memória do futuro: um desafio. In: NASSAR, P. (Org.). **Memória de empresa**. São Paulo: Aberje, 2004. p. 23-30.

ZANDONADI, V. Profissões do futuro: historiadores corporativos. **Estadão**, 22 jul. 2015. Disponível em: <https://educacao.estadao.com.br/noticias/geral,profissoes-do-futuro-historiadores-corporativos,1730012>. Acesso em: 18 out. 2019.

# Bibliografia comentada

BARBERO, M. I.; JACOB, R. (Ed.). **La nueva historia de empresas en America Latina y España**. Buenos Aires: Temas Grupo Editorial, 2008.

O livro foi organizado a partir de uma mesa-redonda organizada no Primeiro Congresso Latino-Americano de História Econômica, em Montevidéu. O texto conta com cinco capítulos que tratam do avanço da história de empresas em cinco países latino-americanos – Argentina, Brasil, Colômbia, México e Uruguai –, além de um sobre a Espanha. Mesmo que haja diferentes estágios de desenvolvimento da historiografia de empresas, é importante destacar algumas tendências comuns, como a de buscar uma teoria de história de empresas que interesse às nossas firmas, explicar a internacionalização das firmas latino-americanas, organizar congressos e outros eventos reunindo pesquisadores internacionais e produzir revistas e *sites* que divulguem a historiografia de empresas desenvolvida em nosso continente.

BLOCH, M. **A sociedade feudal**. Lisboa: Edições 70, 2009.

Como vimos, o feudalismo foi objeto de estudo de vários pesquisadores. Marc Bloch, nesse livro, vai além dos limites dos demais medievalistas ao desvendar o papel das principais instituições em seu contexto histórico. Ele trata de questões políticas, jurídicas e religiosas, mas sua preocupação maior é inserir o homem medieval em seu contexto e mostrá-lo como uma força viva, com seus modos diferentes de viver e de pensar. Além disso, ressalta os grandes traços da civilização europeia no período compreendido entre os séculos IX e XIII. Utilizando um enfoque multidisciplinar, deixa de lado apenas o aspecto técnico das descrições históricas para decompor a estrutura da sociedade feudal. Aborda as relações entre as famílias, mas também os rituais, os costumes e as crenças, bem como destaca a passagem dos feudos para os primeiros Estados-nação. Para dar conta de sua proposta, o autor explorou uma ampla gama de fontes primárias, além de resgatar a literatura da época. Com isso, instituiu um método que depois foi amplamente seguido por outros historiadores.

BRAUDEL, F. **Escritos sobre a história**. 2. ed. São Paulo: Perspectiva, 1992.

Vários estudos de Fernand Braudel estão reunidos neste livro. Neles recebem destaque, particularmente, as relações entre a história e as outras ciências do homem, apresentando-se uma nova perspectiva acerca da inserção do homem em seu passado e na sociedade contemporânea. Braudel reflete, ainda, sobre os conceitos de espaço, tempo e longa duração.

BRAUDEL, F. **O Mediterrâneo e o mundo mediterrâneo na época de Felipe II**. 2. ed. Lisboa: Dom Quixote, 1995.

Publicado pela primeira vez no Brasil em 1949, a obra trata de três ritmos: passa do longo prazo, quase imóvel, da geografia das civilizações para o tempo lento de grandes ciclos econômicos e sociais e, em seguida, o tempo breve e dinâmico dos acontecimentos do cotidiano. O livro não apresenta uma única história linear, contemplando um conjunto de narrativas que desenham, lentamente, o panorama diante dos olhos do leitor.

CADIOU, F. et al. **Como se faz a história**: historiografia, método e pesquisa. Petrópolis: Vozes, 2007.

Essa obra apresenta uma síntese dos diferentes aspectos da epistemologia da história (historiografia, métodos, pesquisa). Elaborado por especialistas, esse manual alia questões de historiografia clássica aos problemas atuais da sociedade e aos avanços científicos. Por sua vez, busca responder particularmente às necessidades dos interessados em saber como se produzem e como se divulgam a história econômica e a história geral.

COLLINS, J. C.; PORRAS, J. **Feitas para durar**: práticas bem-sucedidas de empresas visionárias. Curitiba: Rocco, 1995.

O livro traz as principais conclusões de uma pesquisa feita com 18 empresas que tiveram uma história longa e desempenho superior ao da média do mercado de ações, desde a segunda década do século XX. Uma das preocupações dos autores é mostrar quais foram os fatores que as levaram a se tornar líderes em seus ramos de atuação. Por fim, merece destaque o fato de os autores, após análises históricas, culturais, filosóficas e da *performance* das companhias, as caracterizarem como empresas visionárias.

FRANCO JÚNIOR, H.; CHACON, P. P. **História econômica geral**. São Paulo: Atlas, 1986.

A intenção dos autores, nesse texto, foi mesclar de forma equilibrada a descrição e a análise dos fatos econômicos, procurando detectar as linhas tendenciais das economias mais remotas até as atuais. A preocupação central é com aquilo que a escola francesa chama de *longa duração*, os elementos profundos, permanentes, seculares, estruturais da evolução econômica. Agindo sobre a estrutura, e em decorrência dela, o livro examina a situação conjuntural de cada época e a suas manifestações e repercussões sobre a base estrutural dos sistemas econômicos. O resultado final apresenta-se como um texto bem fundamentado nos principais autores da historiografia econômica geral sem ser muito técnico, sendo, portanto, de fácil leitura e compreensão.

FRIEDEN, J. **Capitalismo global**: história econômica e política do século XX. Tradução de Vivian Mannheimer. Rio de Janeiro: Zahar, 2017.

Jeffry Frieden, professor na Universidade Harvard, explora os cinco continentes, percorre a era de ouro da globalização, seu colapso durante as duas guerras mundiais e o caminho de volta à integração internacional dos mercados. Analisa também casos específicos, como os sucessos de Japão, Coreia do Sul e China, que cresceram integrados à economia internacional, e os insucessos dos países africanos. Outra vantagem para os leitores brasileiros é que o autor dedica uma parte, chamada *Capitalismo global*, para analisar a situação nacional, apontando os avanços do Brasil a partir do Plano Real e a decisão de participar mais ativamente da economia mundial.

FURTADO, C. **Formação econômica do Brasil**. 34. ed. São Paulo: Companhia das Letras, 2007.

A originalidade do enfoque de Celso Furtado foi debruçar-se sobre o passado para esclarecer o presente, ou seja, buscar nos cinco séculos da história brasileira as raízes dos problemas que entravam o desenvolvimento do país. Também inovadora era a combinação do método histórico com a análise econômica, que levou o autor a esboçar uma visão interpretativa da sociedade brasileira e a abrir novos horizontes da compreensão do passado. Essa análise feita por Furtado fez com que seu colega francês Fernand Braudel considerasse *Formação econômica do Brasil* como um dos grandes livros de história econômica, a nível mundial. Desde então, Celso Furtado é tido como um dos grandes intérpretes do país. O livro tornou-se referência para diversos outros autores, tanto da economia e da sociologia como nos campos da política e da história.

*Armando Dalla Costa*

HOBSBAWM, E. **Era dos extremos**: o breve século XX – 1914-1991. Tradução de Marcos Santarrita. São Paulo: Companhia das Letras, 1995.

Ao se referir ao texto, o autor afirma: "foi o meu livro de maior êxito, tanto em vendas quanto em acolhimento da crítica. Bem recebido por todo espectro ideológico, ganhou prêmios no Canadá e em Taiwan, sendo traduzido para o hebraico, o árabe, o chinês de Taiwan e o mandarim da China, o servo--croata, o albanês e o macedônio. Em 2002 já tinha, ou estava prestes a ter, 37 traduções em outros idiomas" (Hobsbawm, 2002, p. 336-337 obra trata dos grandes temas do século XX: a Primeira Guerra Mundial; a crise econômica de 1929 provocada pela queda da Bolsa de Valores de Nova York; a Segunda Guerra Mundial; o avanço do socialismo; os anos dourados do capitalismo, nas décadas de 1950 e 1960; as crises do petróleo; a derrocada do sistema soviético.

LANDES, D. **Dinastias**: esplendores e infortúnios das grandes famílias. Rio de Janeiro: Campus, 2007.

Um dos temas prediletos do autor, nesse livro, é a história das empresas familiares, às quais ele se refere como *dinastias*. Mostra como, ao longo do tempo, tais companhias dominaram o cenário econômico e industrial. Utilizando seus amplos conhecimentos históricos, o autor nos apresenta um quadro sintético da cena empresarial e industrial ao longo dos últimos dois séculos. Trata de famílias que constituíram empresas "lendárias", como os Fords, os Toyodas (com a Toyota), os Peugeots, os Guggenheims e os Rockfellers, entre outros. Ao longo do texto, classifica as companhias em três áreas de atuação: finanças; automóveis; tesouros da terra, ou o que ele chama de *indústrias de base*.

MARSON, M. **Origens e evolução da indústria de máquinas e equipamentos em São Paulo: 1870-1960.** São Paulo: Annablume/Fapesp, 2017.

O trabalho busca lançar luzes sobre a nascente indústria de máquinas e equipamentos, com participação de imigrantes e fazendeiros. Mostra como os efeitos da Primeira Guerra Mundial contribuíram para a redução da importação de máquinas e o aparecimento de várias empresas, geralmente pequenas oficinas e fundições para reparar as máquinas importadas. Algumas permaneceram, tornando-se grandes firmas nas décadas seguintes. O texto relata, ainda, os efeitos negativos da Crise de 1929 sobre a indústria de máquinas e equipamentos, cuja recuperação se deu a partir do final dos anos 1930. Por fim, exemplifica o que ocorreu nesse setor industrial com dois estudos de caso, mostrando que a indústria de máquinas e equipamentos teve sua origem no final do século XIX, passou por transformações nas décadas de 1920 e 1930 e se fortaleceu nos anos 1940.

NASSAR, P. **Relações públicas na construção da responsabilidade histórica e no resgate da memória institucional das organizações.** São Caetano do Sul: Difusão, 2007.

Esse é um livro útil para os pesquisadores de história de empresas e também para o profissional que atua nos centros de memória das firmas. Tem o mérito de reunir fundamentos conceituais sobre um tema ainda pouco estudado no Brasil e registrar experiências de empresas que já perceberam a relevância de investirem em projetos de recuperação e preservação de sua história. Destaca a importância do processo de autoconhecimento das organizações, que não só promove o entendimento de suas origens e sinaliza caminhos para seu futuro, mas, principalmente, pontua sua responsabilidade e registra seu legado para a própria história do país.

PRADO JÚNIOR, C. **História econômica do Brasil**. São Paulo: Brasiliense, 2006.

O livro parte de uma análise dialética da realidade, levando em conta a história econômica do Brasil. Faz uma ampla abordagem, desde a chegada dos portugueses, em 1500, até os anos 1970. Sua preocupação central foi demonstrar que houve um sistema colonial no Brasil conforme os modelos pré-capitalistas, assim como ocorreu nas demais regiões da América. O autor denominou *velho sistema* a essa forma de funcionamento da economia. Segundo ele, durou desde o início da colonização até o fim da Segunda Guerra, por volta de meados do século passado. A partir daí, na visão de autor, o país passou a funcionar de acordo com o modelo capitalista de produção.

SAES, A. M. **Conflitos do capital**: Light versus CBEE na formação do capitalismo brasileiro (1898-1927). Bauru: Edusc, 2010.

O livro trata da formação do capitalismo brasileiro num período decisivo, que abrange as três primeiras décadas do século XX, exatamente quando o processo se instala no sistema produtivo chave, que é a criação da grande indústria transformadora. O estudo está inserido no âmbito da história empresarial, tratando de firmas estrangeiras que se estabelecem no Brasil e na América Latina em setores vitais ao desenvolvimento e crescimento econômico, como o elétrico. Enfoca espeficicamente o caso da Light, empresa de origem canadense, e sua disputa com a Companhia Brasileira de Energia Elétrica (CBEE). O estudo se baseia em fontes primárias consultadas nas cidades de São Paulo, Rio de Janeiro e Salvador, onde ambas disputavam espaço tanto na geração como na distribuição de energia.

SAES, A. M.; RIBEIRO, M. A. R.; SAES, F. A. M. de (Org.). **Rumos da história econômica no Brasil**: 25 anos da ABPHE. São Paulo: Alameda, 2017.

Esse livro apresenta um amplo balanço sobre os caminhos percorridos pela pesquisa em história econômica e em história de empresas ao longo das últimas décadas no Brasil. Destaca os principais pesquisadores e pesquisadoras, assim como os resultados das pesquisas. Propõe, ainda, uma reflexão sobre os desafios e os rumos a serem enfrentados pelos historiadores econômicos e das empresas nos diversos temas abordados ao longo dos primeiros 25 anos de história da Associação Brasileira de Pesquisadores em História Econômica (ABPHE).

SAES, F. A. M. de; SAES, A. M. **História econômica geral**. São Paulo: Saraiva, 2013.

Tendo como base muitos anos de pesquisa e a sólida experiência acadêmica dos autores, professores da Faculdade de

Economia, Admionistração e Contabilidade da Universidade de Paulo (FEA/USP), o livro oferece um panorama amplo das transformações da economia e da sociedade desde o feudalismo até o capitalismo. Abrangendo cerca de mil anos de história, apresenta uma visão detalhada das profundas mudanças que ocorreram na economia mundial, expõe os principais fatos econômicos de cada época e traz diferentes interpretações dos acontecimentos a fim de convidar o leitor a refletir criticamente sobre as questões polêmicas da história. Ao trazer o estudo da economia mundial até a atualidade, os autores procuraram estabelecer conexões entre passado e presente, de modo a evidenciar a permanente e cada vez mais acelerada mudança que caracteriza a economia mundial.

SILVA, R. F. da. **História da historiografia**: capítulos para uma história das histórias da historiografia. Bauru: Edusc, 2001.

O livro discute a concepção do desenvolvimento da historiografia contemporânea. Analisa a formação de um setor do conhecimento no interior da história como disciplina, os estudos historiográficos, os métodos, as interpretações e as controvérsias entre os pesquisadores. Reexamina, à luz da história dos estudos gerais, a historiografia sobre a Nova História e seu posicionamento no contexto da história contemporânea.

# Respostas

## Capítulo 1

**Atividades de autoavaliação**
1. a
2. d
3. d
4. b
5. d

## Capítulo 2

**Atividades de autoavaliação**
1. e
2. c
3. a
4. b
5. e

## Capítulo 3

**Atividades de autoavaliação**
1. e
2. c
3. a
4. b
5. e

## Capítulo 4

**Atividades de autoavaliação**
1. d
2. c
3. a
4. b
5. c

## Capítulo 5

**Atividades de autoavaliação**
1. b
2. b
3. c
4. d
5. d

## Capítulo 6
**Atividades de autoavaliação**
1.
1. d
2. a
3. c
4. b
5. d

# Sobre o autor

**Armando Dalla Costa** é doutor em História Econômica pela Université de la Sorbonne Nouvelle Paris III (1997), pós-doutor pela Université de Picardie Jules Verne, Amiens, França (fevereiro a julho de 2008), pelo Department of Economics and Lemann Institute for Brazilian Studies da University of Illinois at Urbana-Champaign, EUA (dezembro de 2015 a fevereiro de 2016) e pela Faculdade de Economia, Administração e Contabilidade da Universidade de São Paulo (FEA/USP) (março de 2017 a fevereiro de 2018); mestre em História Econômica pela Universidade Federal do Paraná – UFPR (1993) e licenciado em Filosofia pelo Centro Universitário Assunção – UniFai (1978).

Atualmente, é professor no Departamento de Economia da UFPR. No curso de graduação, leciona as disciplinas de História Econômica Geral e Formação Econômica do Brasil. No Programa de Pós-Graduação em Desenvolvimento Econômico e no Programa de Pós-Graduação em Economia – PPGEcon, leciona a disciplina de Microeconomia. Pesquisa e publica em *Business History* e Economia, com destaque para a internacionalização de empresas, a história de empresas e a microeconomia. Publicou mais de 80 artigos em revistas nacionais e internacionais, além de ser autor de 11 livros e 16 capítulos de livros.

É fundador e líder do Núcleo de Pesquisa em Economia Empresarial, registrado no CNPq desde 2005. É também coordenador do Curso de Ciências Econômicas (UFPR, 2008-2010), coordenador do Mestrado Profissional em Desenvolvimento Econômico (UFPR, 2010-2014) e do Programa de Pós-Graduação em Economia (PPGDEcon 2018-2020). No período de 2011 a 2013, foi Presidente da Associação Brasileira de Pesquisadores em História Econômica – ABPHE.

Organizou o simpósio Investimento Direto Estrangeiro e Multinacionais na América Latina (1900 a 2010) nos Congressos Latino-Americanos de História Econômica, realizados entre 2012 e 2019, que teve edições na Argentina, na Colômbia, no Brasil e no Chile.

Currículo Lattes do autor: <http://lattes.cnpq.br/8632961461624572>.

Os papéis utilizados neste livro, certificados por instituições ambientais competentes, são recicláveis, provenientes de fontes renováveis e, portanto, um meio sustentável e natural de informação e conhecimento.

**FSC**
www.fsc.org
**MISTO**
Papel produzido a partir de fontes responsáveis
**FSC® C057341**

Impressão: Log&Print Gráfica e Logística S.A.
Julho/2022